SOCIAL WORK

ソーシャルワークによるICT活用と多職種連携

支援困難状況への包括・統合的な実践研究

西内 章
Nishiuchi Akira

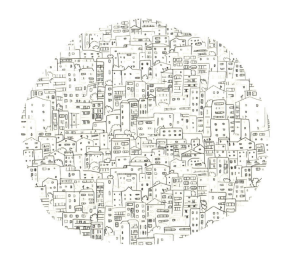

明石書店

まえがき

ICT の現状

　私たちは情報社会で生活をしている。コンピュータ[1] やインターネット、携帯情報端末などの情報通信技術（ICT：Information and Communication Technology）が発展・普及したことにより、私たちは用途に応じて適切な情報機器[2] を選び他者とコミュニケーションをはかったり、適切な情報を容易に収集し整理できるようになった。

　さらに、新しい情報機器やソフトウェアが次々に登場している。どこにいても携帯情報端末を使って知りたい情報を瞬時に調べたり、別々の場所にいる多数の人間と同時に連絡がとれるようになるなど、地域の情報格差が少なくなっている。生活のあらゆる場面で情報の利便性が向上している一方で、間違った情報に流されないように情報を見極め、適切な情報にたどりつくことが重要である。

　このように ICT が急速に発展・普及した背景には、わが国の施策が少なからず影響していると考えられる。現在も総務省[3] や厚生労働省[4]、文部科学省[5] など多くの省庁で ICT に関する施策が実施されている。そして、この施策の受け皿となる自治体や企業、第三セクター、NPO 法人などでは機関同士をつなぐために ICT のネットワークシステム（ICT システム）を整備するようになった[6]。

　自宅のパソコンからインターネットで住民票などの申請予約、健康診断や施設利用の申し込みなどができるようになったり、災害や事故などにともなう緊急情報の発信、消防署と病院をつなぐ緊急時対応システム

の構築など私たちの周辺には複数の ICT システム[7]がすでに導入されている。

本研究における ICT

ソーシャルワークは、利用者の生活情報から地域の社会資源情報まで広範な情報を扱っている。ソーシャルワークの場面においても情報機器が活用されている。日々進化する情報機器の機能を理解し、利用者の生活課題を解決するために支援活動を展開できるかが実践の関心事である。今日のソーシャルワークでは、情報機器などの ICT[8]を適切に活用し、広範な情報を収集し整理することが必要であると考えられる。

例えば、現場で使用するカルテやレセプト、アセスメント票、ケース記録などにも ICT が活用されるようになった。従来、これらの情報は紙媒体に記録していたが、パソコンで情報を記録したり、インターネットを通じて情報を送信・閲覧できるようになってきた。すなわち、記録形式が、紙媒体主体から電子媒体主体へ移行しつつあると考えられる。

ICT は多様な場面で活用されているため、研究対象を絞る必要があると考えている。本研究では、高齢者や要介護者の生活を支える地域包括ケアシステムの ICT を検討したい[9]。それには医療情報や介護保険情報を公開するだけでなく、前述した緊急時対応システムなど複数の ICT を組み合わせた活用が必要であると考えている。

この詳細については第 1 章で述べるが、筆者は、情報の利便性を向上させるためだけに ICT を活用しても利用者の生活課題が解決するわけではないと考えている。本研究では、利用者の生活課題を解決するためのツールとして ICT を検討・考察していく。その理由は第 2 章で詳細を述べることにするが、筆者は、ICT を活用するためにソーシャルワークが不可欠であると考えているからである。

本研究の前提

本研究ではソーシャルワークとして、ICTの活用方法を研究する。前述したICTの現状や地域包括ケアシステムにおけるICTの位置づけをふまえて、本研究の前提を次のように整理しておきたい。

①エコシステム構想においてはソーシャルワークの理論と実践をつなぐICTとして、コンピュータを活用した支援ツールの開発が行われてきたこと〔**支援ツール研究の蓄積**〕

②地域包括ケアシステムを支える多職種連携の場面で、多様なICTが活用されてきたこと〔**多職種連携を推進するICT**〕

③保健・医療・福祉専門職や機関・施設をつなぐ支援ネットワークでは情報を収集・共有するためにICTシステムが活用されてきたこと〔**支援ネットワークへのICTシステム活用**〕

まず①は、本研究の前提であるとともに本研究の中核でもある。これは太田義弘の50年におよぶ研究と、太田を研究代表とするエコシステム研究会の研究があり、本研究はこれらが前提となっている。従来の勘や経験、馴れや予測だけでの対応には限界があり[10]、利用者の参加と協働を支える支援ツールの研究成果がこれまで蓄積されてきた。

②は、地域包括ケアシステムを支える多職種連携の場面で、ICTが活用されている点である。特に、診断画像の評価ツールや健診・保健指導のデータ評価などの情報機器を開発して、多職種連携に活用してきた[11]。専門職間の評価票を統一したり、同じ情報を多職種が評価するといった方法である。

③は、保健・医療・福祉専門職や機関・施設をつなぐ支援ネットワークの情報収集・共有にICTシステムが活用されてきたことである。利用者の疾患や経済状況などの個人情報、生活保護や介護保険サービス

などの公的サービス、近隣住民の関わりやボランティア情報などをICTシステムに登録して、それぞれの専門職が、インターネットを介して必要な情報をデータベースから確認・共有して支援に活かしている[12]。

　以上をふまえて本研究では、地域包括ケアシステムの問題を整理し、ソーシャルワークにおけるICTの新たな活用展開を検討・考察していきたいと考えている。

研究の構成

　本研究の構成は次のとおりである。

　まず、第1章は、地域包括ケアシステムで生じている問題を検討し、本研究の研究課題を設定している。そして、研究課題に対する本研究の枠組みを検討し、研究仮説、研究目的、研究方法を提示した。

　第2章では、本研究の理論基盤であるジェネラル・ソーシャルワークについて述べている。そして支援ツールおよびICTシステムの現状と課題を考察した結果から、本研究の焦点である生活認識の考え方を考察した。

　第3章では、第2章の考察をふまえてソーシャルワークにおけるICTシステム活用過程を提示した。

　第4章は、第1章から第3章で考察した実践で生じる問題や多職種連携、ICTシステム活用過程について事例をもとに検証・考察した。

　第5章は、第4章をふまえて仮説の検証と本研究の成果、今後の研究課題を考察した。

研究で用いる概念の整理

　なお、「連携」や「協働」の概念は、研究者によって多様に理解されており、共通認識がなされていないと解釈できる。例えば多職種連携

は、先行研究において「多職種と協働（collaboration）する」という表現で説明されているものもある。

　本研究はソーシャルワークにおける ICT 活用を検討・考察する研究であり、「ソーシャルワークとして、利用者の参加と協働を行うために、ICT を活用する」という考え方に基づいて論じている。そこで、連携概念や協働概念の混乱を避けるために、本研究では次のように整理して用いる。

　①利用者とソーシャルワーカーがともに「協働（collaboration）」して支援を展開すること
　②そのために多職種と「連携（cooperation）」して、利用者の生活コスモスを認識し、ICT を活用して生活課題を解決すること

　また本研究では、ソーシャルワークという特性を重視していることから、多職種による「連携」という制度化・システム化された関係の上に、先行研究で指摘される「多職種による『協働』が行われる」と考える。

研究倫理

　なお、研究に際しては、高知女子大学社会福祉研究個人情報保護・倫理審査委員会（受付番号 182 号 2010 年 7 月 26 日付）および高知県立大学社会福祉研究個人情報保護・倫理審査委員会（受付番号 255 号 2012 年 7 月 23 日付）へ申請し、承認を得ている。

注

1) 本研究では、「コンピュータ」と表現する。

2) 情報機器には、コンピュータ、コンピュータ組み込み製品、スマートフォン、携帯情報端末などがある（岡田正・高橋三吉・藤原正敏編『ネットワーク社会における情報の活用と技術　三訂版』実教出版 2010 年 15-16 頁）。

3) 総務省では、現在、ICT 戦略会議や地域 ICT 振興に関する施策が実施されている（総務省「ICT 戦略会議」http://www.soumu.go.jp/main_sosiki/joho_tsusin/top/local_support/index.html, 2013.11.29）。

4) 厚生労働省では、「医療機能情報提供制度（医療情報ネット）」や「介護サービス情報公表システム」など、利用者が直接利用できる情報を提供している（厚生労働省「医療機能情報提供制度（医療情報ネット）」http://www.mhlw.go.jp/ stf/ seisakunitsuite/ bunya/kenkou_iryou/iryou/teikyouseido/index.html, 2013.11.29）。

5) 2011 年 8 月に文部科学省の「教育の情報化に関する懇談会」が、「教育の情報化ビジョン（骨子）」をまとめ、学校教育において ICT を推進していくことを明記している（文部科学省「教育の情報化ビジョン（骨子）」http://www.mext.go.jp/b_houdou/22/08/1297089.html, 2013.11.29）。

6) ICT は、デジタル方式によって情報を創出、保存、処理、共有する「総称」である（Hill, A. and Shaw, I., *Social Work and ICT*, SAGE Publications, 2011, p.21.）。本研究では ICT のうち、ネットワークを活用した ICT には「ICT システム」の用語を用いる（武林亨［研究代表］「在宅医療・介護の連携における情報通信技術（ICT）活用に関する研究」『平成 24 年度 厚生労働科学研究費補助金厚生労働科学特別研究事業総括・分担研究報告書』2013 年 2-15 頁）。

7) 小尾敏夫・岩崎尚子『超高齢社会対策への ICT 活用事例』早稲田大学アジア太平洋研究センター　2010 年　28-30 頁。

8) 本研究で用いる「ICT」という用語は、本文中で何も説明をしていない場合には、「ICT システム」を含んだ用語として用いている。その理由は「ICT」が、デジタル方式によって情報を創出、保存、処理、共有する「総称」だからである（Hill, A. and Shaw, I. (2011), op.cit., p.21.）。

9) 地域包括ケア研究会（座長　田中滋）の報告書において、地域包括ケアシステムの構築には ICT を活用した環境整備が重要であることが述べられている（地域包括ケア研究会「地域包括ケアシステムの構築における今後の検討のための論点」『平成 24 年度厚生労働省老人保健事業推進費等補助金老人保健健康増進等事業分持続可能な介護保険制度及び地域包括ケアシステムのあり方に関する調査研究事業報告書』2012 年 22 頁）。

10) 太田義弘「ソーシャルワーク実践研究とエコシステム構想の課題」『龍谷大学社会学部紀要』20　2002 年 7 頁。

11) 山田覚は ICT の実態調査を行っている。なお山田は ICT と ICT システムを区別

して整理している訳ではない（山田覚「高知県におけるテレナーシングの適応
要件に関する調査研究」『学長裁量経費特別調査研究プロジェクト報告書』2009
年175-180頁）。

12）同論文115-122頁。

目　次

まえがき ·· 3

第 1 章　問題の所在と本研究の枠組み ··············· 18

1.　問題の所在―支援困難― ································· 18

1-1　地域包括ケアシステムの構築をめぐる課題 ···········18

1-2　支援困難のとらえ方 ·····································19

1-3　支援困難への包括・統合的な実践と多職種連携 ·········22

1-4　本研究の研究課題 ······································25

2.　本研究の焦点 ·· 26

2-1　利用者の生活認識 ······································26

2-2　支援関係を通じた生活認識 ·····························29

2-3　生活認識のシステム特性 ·······························30

2-4　本研究の焦点―まとめ― ·······························31

3.　ICT の位置づけと本研究の枠組み ··············· 32

3-1　ソーシャルワークと ICT ································32

3-2　ICT 活用の可能性 ······································34

3-3　ICT のシステム特性 ····································35

3-4　本研究の枠組み ··37

4.　本研究の仮説・目的・方法・構成 ··············· 38

4-1　研究仮説 ··38

4-2　研究目的 ··39

4-3　研究方法　………………………………………………40

4-4　研究構成―概念関係、本研究のフローチャート―　………40

第2章　ジェネラル・ソーシャルワークにおける ICT　………46

1.　ジェネラル・ソーシャルワークにおける生活認識　………46

1-1　ジェネラル・ソーシャルワークの概念理解　………46

1-2　生活の全体性　………………………………………49

1-3　生活コスモスの認識　………………………………50

1-4　実存性への視点　……………………………………51

2.　エコシステム構想の到達点　………………………………52

2-1　エコシステム構想の開発目的　……………………52

2-2　生活のシステム構成　………………………………53

2-3　支援ツールの開発状況　……………………………55

2-4　支援ツール開発の到達点　…………………………57

3.　ICT システムの現状と活用課題　………………………58

3-1　ICT システムの普及　………………………………58

3-2　ICT システムの活用範囲　…………………………59

3-3　ICT システムの活用者　……………………………61

3-4　ICT システムの活用課題　…………………………61

4.　ICT システムを活用する枠組み　………………………63

4-1　ICT としての支援ツール　…………………………63

4-2　支援ツール活用の焦点　……………………………64

4-3　ICT システム活用の焦点　…………………………65

4-4　ICT システムの包括・統合的な活用　……………66

第3章　ソーシャルワークにおける ICT システム 活用過程 ……… 73

1.　生活支援における ICT システム ……… 73

1-1　ICT システム活用の意義 ……… 73

1-2　情報共有の過程 ……… 74

1-3　生活情報の認識 ……… 76

1-4　「情報収集・情報共有」と「情報入力・情報確認」……… 77

2.　ICT システム活用過程 ……… 78

2-1　生活情報収集局面 ……… 78

2-2　生活情報入力局面 ……… 79

2-3　生活情報確認局面 ……… 80

2-4　生活情報共有局面 ……… 81

3.　ICT システム活用過程の展開と情報機器 ……… 82

3-1　過程の循環 ……… 82

3-2　過程のフィードバック ……… 83

3-3　ICT システム活用過程における情報機器—支援関係場面— ……… 84

3-4　ICT システム活用過程における情報機器—広域的な展開— ……… 86

4.　ICT システムを活用した支援展開 ……… 87

4-1　支援困難への ICT システム活用 ……… 87

4-2　ソーシャルワークによる ICT システム活用 ……… 88

4-3　ソーシャルワークによる ICT システム活用の展開 ……… 90

4-4　支援困難を解決する ICT システム活用過程の意義 ……… 91

第4章　事例検証と考察 ……… 94

1.　調査目的・調査方法・倫理的配慮の方法 ……… 94

2.　事例検証 ……… 98

3.　事例検証のまとめ ……………………………………………… 144

　4.　考察 ……………………………………………………………… 152

第5章　ソーシャルワークの生活認識をめぐる
ICT活用の展望 ……………………………………… 156

1.　生活認識におけるソーシャルワークの意義 ……………… 156

　　1-1　仮説①の検証・考察 ……………………………………… 156
　　1-2　仮説②の検証・考察 ……………………………………… 157
　　1-3　仮説③の検証・考察 ……………………………………… 158
　　1-4　仮説④の検証・考察 ……………………………………… 159

2.　ソーシャルワークの視座への展望 ……………………………… 161

　　2-1　本研究の着想とICT活用の展開 ………………………… 161
　　2-2　ICTシステムによるインプット・アウトプット ……… 162
　　2-3　支援困難のシステム認識 ………………………………… 163
　　2-4　本研究の生活認識への視座 ……………………………… 164

3.　本研究の成果とまとめ ……………………………………………… 165

　　3-1　ICT活用の展開 …………………………………………… 165
　　3-2　支援困難への支援ツールの活用 ………………………… 166
　　3-3　本研究のまとめ―第1章から第3章― ………………… 167
　　3-4　本研究のまとめ―第4章から第5章― ………………… 168

4.　今後の研究課題
　　　―本研究をふまえたソーシャルワークの展開― …………… 169

　　4-1　ICTを活用したソーシャルワークの研究課題 ………… 169
　　4-2　支援困難に対する支援ツール開発の課題 ……………… 170
　　4-3「利用者の参加と協働」に向けた実践の課題 …………… 171
　　4-4　今後の研究に向けた課題 ………………………………… 172

あとがき ……………………………………………………………… 175

資料………………………………………………………………… 179
参考文献 ………………………………………………………… 208
索引……………………………………………………………… 218

図表一覧

図番号	図 版 リ ス ト	頁
図 1-1	利用者の生活課題から生じた支援困難の要素	21
図 1-2	ソーシャルワーカーが自問する内容	22
図 1-3	本研究に関連するテーマ	27
図 1-4	保健・医療・福祉の生活認識に関する研究	28
図 1-5	支援関係を通じた生活認識	30
図 1-6	ICT のシステム特性	36
図 1-7	本研究の枠組み	38
図 1-8	本研究の概念関係	41
図 1-9	本研究のフローチャート	42
図 2-1	支援諸科学とジェネラル・ソーシャルワーク	48
図 2-2	生活のシステム構成	54
図 2-3	シミュレーション階層構成の例示	55
図 2-4	保健・医療・福祉をつなぐ ICT システム（イメージ）	60
図 2-5	生活認識における ICT	63
図 2-6	支援ツール活用の焦点	64
図 2-7	ICT システム活用の焦点	65
図 2-8	ICT システムの包括・統合的な活用―「図2-6」と「図2-7」の統合―	67
図 3-1	ICT システムを活用した「生活情報の共有」の過程	75
図 3-2	生活情報の認識	77
図 3-3	「情報収集・情報共有」と「情報入力・情報確認」	78
図 3-4	利用者支援における ICT 活用過程（循環）	83
図 3-5	ICT を活用した循環とフィードバック	84
図 3-6	ICT システム活用過程における情報機器―支援関係場面―	85
図 3-7	ICT システム活用過程における情報機器―広域的な展開―	86
図 3-8	ソーシャルワークによる ICT システム活用の展開	90
図 4-1	事例検証・考察の構成	96
図 4-2	支援困難な状況にある利用者をとりまく問題（複数回答）	100
図 5-1	生活認識の深まり	158
図 5-2	多職種連携を深める ICT 活用	160

図番号	図 版 リ ス ト	頁
図 5-3	ICT システムによるインプットとアウトプット	163
図 5-4	ソーシャルワークにおける ICT システム活用による展開（総合）	166

表番号	表 リ ス ト	頁
表 3-1	支援困難への ICT システム活用	88
表 3-2	ソーシャルワークで用いる ICT システムの特性	89
表 4-1	本研究の概念関係―「図 1-8」の一部を再掲―	95
表 4-2	第 1 段階の事例検証	98
表 4-3	第 1 段階の事例検証で用いた事例の概要	99
表 4-4	事例 1 の困り感と生活認識	101
表 4-5	事例 1　グループホーム職員によるふりかえり	102
表 4-6	事例 2 の困り感と生活認識	103
表 4-7	事例 2　精神保健福祉士によるふりかえり	104
表 4-8	事例 3 の困り感と生活認識	105
表 4-9	事例 3　精神保健福祉士によるふりかえり	106
表 4-10	事例 4 の困り感と生活認識	107
表 4-11	事例 4　医療ソーシャルワーカーのふりかえり	108
表 4-12	第 2 段階の事例検証	109
表 4-13	第 2 段階の事例検証で用いた事例の概要	110
表 4-14	連携に必要な環境条件	111
表 4-15	連携に必要な条件	111
表 4-16	事例 5　社会福祉士のふりかえり	113
表 4-17	事例 6　社会福祉士のふりかえり	114
表 4-18	事例 7　社会福祉士のふりかえり	115
表 4-19	事例 8　社会福祉士のふりかえり	116
表 4-20	第 3 段階の事例検証	118
表 4-21	第 3 段階の事例検証で用いた事例の概要	119
表 4-22	事例 9　社会福祉士のふりかえり	120
表 4-23	事例 10　社会福祉士のふりかえり	121
表 4-24	事例 11　社会福祉士のふりかえり	123

表番号	表 リ ス ト	頁
表 4-25	事例 12　社会福祉士のふりかえり	124
表 4-26	第 4 段階の事例検証	125
表 4-27	第 4 段階の事例検証で用いた事例の概要	126
表 4-28	事例 13　利用者自身の生活認識	127
表 4-29	事例 13　社会福祉士による生活認識	128
表 4-30	事例 14　利用者自身の生活認識	129
表 4-31	事例 14　社会福祉士による生活認識	130
表 4-32	事例 15　利用者自身の生活認識	132
表 4-33	事例 15　社会福祉士による生活認識	133
表 4-34	事例 16　利用者自身の生活認識	134
表 4-35	事例 16　社会福祉士による生活認識	136
表 4-36	事例検証のまとめ―第 1 段階の検証―	144
表 4-37	事例検証のまとめ―第 2 段階の検証―	146
表 4-38	事例検証のまとめ―第 3 段階の検証―	147
表 4-39	事例検証のまとめ―第 4 段階の検証―	150

第1章

問題の所在と本研究の枠組み

1. 問題の所在—支援困難—

1-1 地域包括ケアシステムの構築をめぐる課題

　地域包括ケアシステムは、「2025年を目途に、重度な要介護状態になっても、住み慣れた地域で自分らしい暮らしを人生の最期まで続けることができるよう、医療、介護、予防、住まい、生活支援が一体的に提供される」[1] 仕組みであり、高齢者の個別な状況に対応するために応変的かつ弾力的な運用ができることを目指している[2]。

　この考え方は、2003年に厚生労働省の高齢者介護研究会がまとめた『2015年の高齢者介護—高齢者の尊厳を支えるケアの確立に向けて—』[3]で示されている。さらに2005年の介護保険法改正により、地域包括支援センターの設置や地域密着型サービスの導入などが行われ、地域包括ケアシステムの構築に向けた取り組みが始まっている。

　地域包括ケアシステムを構築する理由には、地域で生活する高齢者を医療制度や介護保険制度だけで支えることができない実情への対策が含まれていると考えられる。住み慣れた地域で自分らしい生活を送るため

には、高齢者が抱える多様かつ複合的な生活課題への対策も必要[4]であり、その対応として地域包括ケアシステムを構築する必要がある。

　多様かつ複合的な生活課題への対応は、地域包括ケアシステムにおいて中核的な位置づけ[5]が想定されている地域包括支援センターの業務にも表れている。地域包括支援センターは、①包括的支援事業（介護予防ケアマネジメント業務、総合相談支援業務、権利擁護業務、包括的・継続的ケアマネジメント支援業務）、②多職種連携[6]による地域包括支援ネットワークの構築、③指定介護予防支援、④その他（介護予防事業の普及・啓発・評価など）の業務を行っている。これらの業務は、高齢者の生活課題のなかでも解決することが難しい「支援困難」とされている課題と関連がある[7]。①の包括的・継続的ケアマネジメント支援業務は、通常の個別支援では対応できない「支援困難」事例への対応である。それ以外の業務も、簡単な情報提供だけで終わる場合もあるものの、状況によっては支援困難な状況が想定された業務であると考えられる。

　すなわち、地域包括支援センターが関わるような支援困難にも対応できる地域包括ケアシステムを構築することが課題である。では、地域包括ケアシステムや地域包括支援センターが対応する支援困難とはどのような状況であろうか。「1-2　支援困難のとらえ方」において先行研究を検討しながら、支援困難について考察してみたい。

1-2　支援困難のとらえ方

　ここでは支援困難について述べる。本研究がソーシャルワークを主眼とした研究であることから、利用者の生活課題から生じた支援困難をとり上げている。支援困難に関する先行研究には、実践的な視点からわかりやすく解説している文献と学術的な知見をまとめている文献があるため、支援困難状況の認識、支援者のとらえ方、対応方法に分けて紹介したい。

第 1 章　問題の所在と本研究の枠組み　　19

支援困難状況の認識に関する文献は、岡田朋子[8]のように、ソーシャルワーカーがおかれている状況を俯瞰的な視点から整理した研究がある。岡田は、支援困難事例を実証的に分析した結果、支援困難が、ミクロシステムからマクロシステムにつながる状況を説明し、包括的な政策課題を具体的に提言している。

　また尾崎新[9]は「ゆらぎ」という表現を用いて、社会福祉の実践では、様々な動揺、迷い、葛藤などを体験するが、その「ゆらぎ」と向きあう仕事であると述べている。支援困難な状況を自分の力量不足ととらえて悩み苦しむのではなく、ソーシャルワーカーの肯定的な姿勢を支持してくれる考え方であると理解できる。

　支援者のとらえ方に関する文献では、岩間伸之[10]や野中猛[11]の研究がある。実践現場で働く介護支援専門員やソーシャルワーカーなど保健・医療・福祉専門職に向けて、支援困難事例のとらえ方や解決への取り組み方を丁寧に解説している。

　また川村隆彦[12]は、ソーシャルワークを学ぶ学生や現任者に向けて、価値や倫理の意義を解説しながら、利用者を支援するために必要な技法を解説している。そして文献のなかで倫理的ディレンマが生じる状況を整理し、解決方法を考えるシートを提示している。この整理の仕方や解決方法を考える手順は、支援困難な状況にも活用できると考えている。対応方法に関する文献では、岡本玲子[13]の研究がある。ソーシャルワーカーが感じている状況やニーズの程度や内容を評価し、解決方法を導き出そうとしている。またソーシャルワーカーの交渉術編集委員会[14]のように、利用者とソーシャルワーカーなど、主にミクロシステムで生じる対人関係のトラブルについて、個別に解決方法を検討する例もある。

　本研究では、支援困難に関する多種多様な研究成果をふまえ、ソーシャルワークして、ミクロシステムからマクロシステムまでの視野で支援困難をとらえてみたい。支援関係だけでなく幅広い視野から支援困難をとらえる必要があると考えている。

まず、利用者や家族の個人要素がある。これは利用者の性格や疾患、一人暮らしなど利用者の特性が影響する。この場合には、支援困難の個人的要素には何があるかを整理する必要があるだろう。他方で環境要素が考えられる。利用者が利用する制度やサービスなどの社会資源がないか、社会資源の質や量が不十分な場合である。なお、ソーシャルワーカーなど保健・医療・福祉専門職の関わりもこれに含まれる。

　三番目には接触要素が考えられる。どこに相談に行けばよいかわからない場合や1時間近くかけて利用者宅を訪問する場合など人と環境の接触である。

　実際にはこれらの要素が、複合的に重なって支援困難が生じていると考える。これらの状況には、利用者が直面する生活課題の背景や環境について、先行研究で指摘されているように情報を収集し直すことが多い。一方、ソーシャルワーカーは図1-2のように「人と環境」の視点から、支援困難の状況と解決策を自問しながら支援を行っている[15]。

図1-1　利用者の生活課題から生じた支援困難の要素

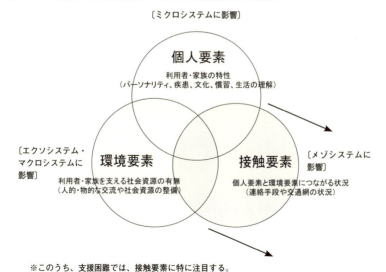

図1-2 ソーシャルワーカーが自問する内容

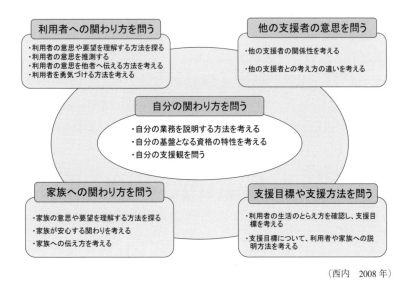

(西内　2008年)

1-3　支援困難への包括・統合的な実践と多職種連携

　1970年代以降、ソーシャルワークでは、ジェネラリスト・ソーシャルワーク、ジェネラリスト・アプローチなど包括・統合的な実践が志向されるようになっている。ここで本研究が着目している包括・統合的な実践の内容について整理しておきたい。ソーシャルワークにおける包括・統合化については、太田や秋山、岩間など先行研究[16]でも指摘されている。

　本研究では、先述した支援困難に関する文献で取り上げられていた(A)支援困難状況の認識、(B)支援者のとらえ方、(C)対応方法に関連する包括・統合的な実践の特性を整理した。なお、これらは共通性・類似性があるため相互に関連している。

　①生活認識—利用者の生活を俯瞰する視座〈支援困難状況認識と関連〉

②関 係 性―利用者との関係性の理解〈支援困難状況の認識、支援者
　のとらえ方と関連〉

③課題解決―問題の明確化と課題解決過程〈支援困難状況の認識、支
　援者のとらえ方と関連〉

④支援方法―包括・統合的な支援方法〈支援者のとらえ方、対応方
　法〉

⑤過程展開―利用者との協働による支援過程の展開〈対応方法〉

　まず、支援困難な状況に対する前に、利用者の生活を俯瞰し包括・統
合的に認識することが必要である。生活を理解する方法として、利用者
の生活は、個人レベル、家族、友人、近隣、職場、地域社会などのシス
テムの広がりとして認識し、その変容をとらえようとする枠組みの提供
である。エコシステム視座を用いると、利用者と環境に関連する要因と
境界を総合的に認識できる[17]また、問題解決をするシステムについて
も生活を構成するシステム内に位置づけて整理できるため、介入すべき
システムが利用者や家族、あるいは近隣、社会資源なのかを焦点化しや
すくなる[18]。

　次に支援に関わる関係性への着目である。一般に、ソーシャルワー
カーは利用者と関わり、支援関係を結ぶため両者の関係構築が主眼とな
るが、利用者は、家族だけでなくソーシャルワーカーを含む多様な人
間関係から影響を受けている。利用者が直接関わっている一対一の相互
作用（interaction）によるアセスメントだけでなく、人と環境におけるあ
らゆる関係性に着目し、その関係する他者や資源による影響を交互作用
（transaction）として理解する必要がある[19]。そこで影響されている個々
のシステムを総合的に理解しようとするものである。

　課題解決過程における包括・統合化は、生活課題を明確化し解決す
るために、現在、表出している問題と原因、背景、困っている人や被害
を受けている人などを総合的に分析することである[20]また、支援過程

第1章　問題の所在と本研究の枠組み　　23

において、ニーズや関係性の変化に着目したり、状況理解の変容、支援目標の変更などを局面ごとに個別かつ総合的に検討することである[21]。ソーシャルワーカーの倫理的ディレンマやコンフリクトを統合的にとらえることも必要となる[22]。

支援方法の包括・統合化とは、ソーシャルワークの理論動向による整理である。ケースワーク、グループワーク、コミュニティ・オーガニゼーションというソーシャルワークの三分法の統合化である。コンビネーションアプローチ（combination approach）、マルチメソッドアプローチ（multimethod approach）、ジェネラリスト・アプローチ（generalist approach）、ジェネラリスト・ソーシャルワーク（generalist social work）へと至る支援方法の動向である[23]。やみくもな対応ではなく、支援困難な状況に対して包括・統合的な支援方法を用いる。

利用者との協働による支援過程の展開は、太田が提唱している包括・統合的実践[24]である。特徴的な点は、利用者の参加・協働による実践を志向することである。また制度・政策と実践を分立せず、包括・統合したソーシャルワーク実践として、利用者支援からサービス活用・改善、実践のフィードバックまでを包含して位置づけることである。本研究では、太田の研究を基点にしているため、詳細は後述したい。

また、ソーシャルワークの包括・統合化の動きと併行して、保健医療福祉分野及び教育分野では、多職種連携が積極的に取り入れられている。多職種連携については、IPW（Inter-professional Work）や IPE（Inter-professional Education）[25]などの取り組みがみられるようになった。これらの実践や教育にソーシャルワーカーは、連携チームのメンバーとして参加している。先述した地域包括ケアシステムの取り組みや医療・介護連携推進事業などで、在宅と施設、病院をつなぐ役割を担うメンバーとしてソーシャルワーカーにも具体的な成果が求められるようになっている[26]。ソーシャルワークの包括・統合化の特性に、多職種連携の実践もふまえた枠組みや実践を提示することが肝要となる。例えば、連携の

考え方（Interdisciplinary、Multidisciplinary、Trance-disciplinary ほか）や、連携の過程に関する用語（Teamwork、Partnership working ほか）、支援機関に関する用語（Interagency、Multi-sectoral、Trance- sectoral ほか）がある[27]。支援困難な状況へ取り組むためには、多職種連携は不可欠であり、ソーシャルワークとして実践のあり方が問われている。

1-4　本研究の研究課題

これまで問題の所在となる支援困難について検討した。支援困難は前述したようにソーシャルワークの視点である「人と環境」からとらえることができると考えている。検討した内容をふまえて、支援困難への固有な視野と発想から本研究の研究課題を次のように設定したい。

①多様化・複合化する利用者の生活課題から生じた支援困難を検討し対策を示すこと

②支援困難を解決する多職種連携の方法を明確化すること

③支援困難を解決する支援ネットワークの活用方法を明確化すること

①については、地域包括ケアシステムや地域包括支援センターで関わる支援困難に関する研究課題である。実践場面では、正論や客観的な説明を行うだけで支援困難が解決するわけではない。そこで本研究では、支援困難の状況を「どのように関わっても手がかりがみつからず、停滞し混沌とした状態である」と定義したい。

本研究では、①への対策として②のように他の専門職と連携して多面的な支援を展開することで支援困難が解決できないかと考えた。しかしながら、多職種連携による実践（IPW）など理論モデルや枠組み[28] が提示されているものの、未だに有効な方法が定着してない状態である。

③についても②と同様である。地域包括ケアシステムを支える地域包括支援ネットワークは、利用者を支援する個人支援ネットワークと、地域ニーズを把握・解決する地域支援ネットワークの2つを組み合わせた

第 1 章　問題の所在と本研究の枠組み　　25

ネットワーク[29]である。

しかし実際は、個人支援のためなのか、地域ニーズを把握・解決するためなのか曖昧なネットワークになっている場合もある。そして、誰とどのようにつながっているのかさえもみえづらい場合[30]もある。そこで、支援ネットワークを可視化[31]することが必要となる。

本研究では研究課題への取り組みとして、ICT[32]に着目する。①については、ICTを活用して情報を整理し、支援困難の内容を認識する方法を検討していく。②については、多職種連携を促進するために、カンファレンスや共通基盤に着目した先行研究があるがICTを活用した研究は少ない。そこでICTを活用した多職種連携について検討していく。③に関しては地域包括支援ネットワークへのICT活用を検討していく。

次節以降では、これら3つの研究課題に対する本研究の焦点を検討し、その結果をもとに本研究の枠組みを提示したい。そして、これらの研究課題を達成するために仮説を設定してみたい。仮説については、「第1章4. 本研究の仮説・目的・方法・構成」で提示する。

2. 本研究の焦点

2-1 利用者の生活認識

「1. 問題の所在」で述べた研究課題に対して本研究の焦点を整理しておきたい。本研究はソーシャルワークの研究であることから、焦点となるのは人と環境から構成される利用者の生活である。これらのテーマを個別に研究するのではなく、支援困難に対して図1-3にあるような関連するテーマを検討・考察しながら研究を行う。

図を説明してみたい。本研究では利用者自身の生活認識に着目する。そして、利用者の参加と協働、実存性への視点などソーシャルワークの

特性を活かして生活を認識する。そして「1. 問題の所在」の研究課題の部分でも述べたように、支援困難を解決するために関連する多職種連携、支援ネットワークを検討する。

図 1-3　本研究に関連するテーマ

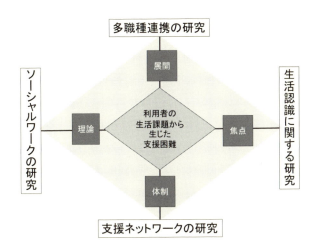

　ここで生活認識について補足しておきたい。生活認識に着目しているのは、ソーシャルワークだけではない。医学や保健学、看護学など対人援助に関わる分野でも、「生活」は鍵概念である。ただ、図 1-4 に示すように理論基盤によって生活認識の視点や鍵概念が異なることを留意しておく必要がある。
　そして実践展開についても相違がある。多職種連携などの場面においては、図の左下にある総合的な生活認識が一般的な理解ではないであろうか。これは分野の専門領域を重ねるという説明には適しているが、ソーシャルワークにおける多職種連携の位置づけを説明するための図としては適切ではないと考えられる。

そこで本研究では、右下の図で示している考え方をもとにして保健・医療・福祉分野の情報を包括・統合するソーシャルワークの研究を展開してみたい。これは、ジェネラル・ソーシャルワークによる包括・統合的な視野と発想である。ジェネラル・ソーシャルワークについては、第2章でその詳細を検討・考察する。

図1-4　保健・医療・福祉の生活認識に関する研究

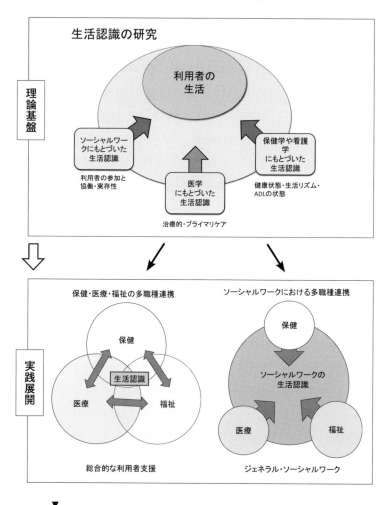

2-2 支援関係を通じた生活認識

　利用者とソーシャルワーカーによる生活認識について検討してみたい。図1-5で示したように、ソーシャルワークの生活認識は、利用者の参加と協働による生活認識が基点となる。ソーシャルワークの鍵概念には「利用者主体」や「利用者中心」があることからも、ソーシャルワーカーが、単に一方的な解釈・判断を行うことではない。大事なことは利用者との支援関係を重視し、科学的で専門的かつ実存的なコミュニケーションを展開することである[33]。

　利用者が認識している生活に迫るためには、利用者の意思を利用者自身が言語や表情などをとおして表現し、ソーシャルワーカーがそれを認識することから始める必要がある。具体的な認識過程は、利用者の状況に対して、利用者とソーシャルワーカーが協働して意味づけを行ったり、利用者の実存性に着目して[34]生活をとらえる過程である。

　ソーシャルワークでは利用者と生活課題や実践を共有すること[35]が必要である。支援関係による生活認識をとおして、利用者とソーシャルワーカーが生活課題や支援方法を共有することができれば、利用者とソーシャルワーカーが協働して利用者の環境に働きかける支援が展開できる[36]と考えられる。なお、図中の生活コスモスについては、第2章でその詳細を述べる。

第1章　問題の所在と本研究の枠組み　　29

図 1-5 支援関係を通じた生活認識

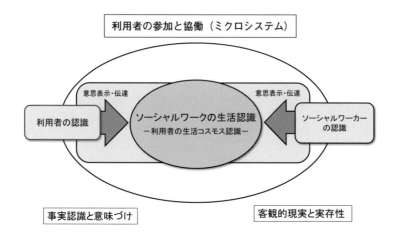

2-3 生活認識のシステム特性

　本研究は利用者の生活認識について、多職種連携や地域で導入するICTシステムを含む広範な生活認識を検討する研究である。そこで生活認識のシステム特性について、整理しておかなければならない。本研究はブロンフェンブレンナー（Bronfenbrenner, U.）に依拠[37]して、ミクロシステム、メゾシステム、エクソシステム、マクロシステムの特性に分けて整理した。この４つのシステム分類は、中村佐織によるソーシャルワークの実践レベル[38]でも用いられている分類である。

　本研究は、ブロンフェンブレンナー（Bronfenbrenner, U.）や中村の考え方を多職種が共有する生活認識として展開したものである。まず、ミクロシステムの生活認識がある。これは「2-2 支援関係を通じた生活認識」で述べたように、利用者の生活をミクロシステムからマクロシステムまでの広がりとして認識することである。

　次にメゾシステムのメンバーによる生活認識がある。これは支援困難

な場合に利用者とソーシャルワーカーに他の専門職も加わり、多職種連携として利用者の生活認識をもとに支援を展開する場合であり、これを行わなければ、利用者の生活課題を解決できない場合が該当する。なお、メゾシステムのメンバーが関わる生活認識において留意すべき点がある。利用者の生活認識は、疾患やサービス内容などの客観的な情報を確認することではない。利用者が自分の生活をどのように認識しているかを最重要視して利用者と多職種が確認し共有することが必要である。

さらにエクソシステムのメンバーによる情報を補足して生活認識を行う場合がある。これは、多職種連携だけでは把握できない情報を加えた生活認識である。利用者との面接では聞かれなかった内容であっても、利用者がその情報をどのように認識しているかを確認することが必要な場合に着目するシステムである。エクソシステムの情報は利用者が少ししか語らない場合や多職種連携を展開しても情報が不十分な場合などが該当する。

マクロシステムでは、これら全てのシステムを総合した生活認識となる。これは地域包括ケアシステムを構築した場合が該当する。利用者の生活情報に加えて、地域の文化、慣習、地域のつながりなど生活を支える総合的な情報を補足した生活認識である。これも客観的な情報ではなく、利用者が自分の生活をどのように認識しているかをマクロシステムの構成メンバーが利用者に関わりながら整理することになる。これらは、地域で導入する ICT システムの活用に不可欠な生活認識である。

2-4　本研究の焦点―まとめ―

「2. 本研究の焦点」で述べたことをまとめておきたい。支援困難の解決に向けて焦点となるのは、あくまでも利用者の生活認識である。支援困難を解決するためには、まずは利用者自身の生活認識に拘るということである。利用者とコミュニケーションがうまくとれなかったり、支援

に関わる人が増えれば増えるほど、利用者による生活認識を軽視することがある。そのような場合には、利用者自身が今の生活をどのようにとらえているか、生活に困っているかどうかを重視することである。

それは、ただ漠然と生活を認識したり、利用者の認識を軽視した支援に陥らないように留意し、利用者が自分の生活課題を自ら認識するように支援することが重要である。そこでそれぞれの困り感について整理したい。困り感に着目すれば、今の支援において利用者が困っているのか、ソーシャルワーカーが困っているのかを理解しやすい。

生活認識をとおして困り感に着目してみると、支援困難が生じているのは、「利用者に困り感がなく、ソーシャルワーカーに困り感がある場合」ではないであろうか。それは利用者がなんらかの困り感を抱いていれば、ソーシャルワークとして支援が展開できると考えられるからである。なお、「利用者に困り感があっても、ソーシャルワーカーに困り感がない場合」もある。この場合には、利用者に寄り添い、困りごとを丁寧に聞く姿勢がソーシャルワーカーに求められる。

3. ICT の位置づけと本研究の枠組み

3-1 ソーシャルワークと ICT

ここで支援困難を解決するための ICT の位置づけを整理しておきたい。ソーシャルワークが扱う利用者や社会資源の情報は多岐にわたっているため、利用者や社会資源の情報をどのように収集するか、あるいはその情報にどのようにアクセスするかという点が、ソーシャルワーカーにとって重要な関心である。そこで ICT のもつ機能をソーシャルワークに活用しようという取り組みがみられるようになった[39]。

ただし、個人情報やプライバシー、ネットワークの参加状況など倫理

的に配慮すべき事柄がある[40]など課題もある。したがって、ICTをそのまま活用してもソーシャルワークにとって万能とはいえない。また人などソフト面を重視するソーシャルワークとハード面の印象が強いICTでは、相反する特徴がある[41]ためICTを拒絶する人もいるであろう。

近年では、エビデンスにもとづく実践（EBP：Evidence-Based Practice）が注目されおり、コンピュータを活用することが提案[42]されている。そこでソーシャルワークに貢献するようなICTの機能を検討してみたい。

例えば、ソーシャルワークに役立つように次のようなICTの機能[43]を付加することができる。

①利用者の同意や秘密保持、プライバシー、データの保護ができること
②利用者がICTを活用して、情報にアクセスしたりサービスの批評ができること
③サービス情報の提供に活用したりアセスメントツールとして活用できること
④ソーシャルワーク教育や専門性を発展させるために活用できること

①はICTの機能を活かして、利用者に対する倫理的配慮を向上させることである。②は利用者がICTを活用して情報を得たりサービス評価を行うことである。③はコンピュータやモバイル機器をインターネットでつなぐ機能を活かして、サービス情報やアセスメント情報を活用することである。④はソーシャルワークを発展させるためにICTを活用することである。

実践においてこのようなICTの機能を理解して、ソーシャルワークに活かすことが重要である。さらにICTの機能を活かせるような実践の基盤づくりが不可欠である。インターネットで保健・医療・福祉の専門機関をつなぎ、ソーシャルワークを展開できるような環境整備を行うことが必要である。

第1章　問題の所在と本研究の枠組み　　33

3-2 ICT 活用の可能性

　ソーシャルワークとして ICT をどのように活かすことができるか具体的に考えてみたい。ソーシャルワークにおける ICT の可能性についてヒル（Hill, A.）とシャウ（Shaw, I.）の指摘を、筆者がまとめて整理したものが次の5つである [44]。

　① ICT のネットワークを活用すること
　②情報の閲覧や他者とコミュニケーションができること
　③ソーシャルワークを補助するために活用すること
　④ソーシャルワーク機関のデータベースとして活用すること
　⑤教育プログラムや学習補助として活用すること

　これらを順番に説明したい。まず ICT のネットワークを活用することである。これは、インターネットを活用して、情報のデータベースやコールセンターへアクセスすることである。例えば、利用者との情報共有、記録の保管、アセスメントやインターベンション、評価での情報活用、遠隔活用などができる。さらに利用者がネットワークを活用することによって、重要な知識やサービスを受けたり、ピアサポートも期待できるだろう [45]。

　次に ICT を活用することによって、利用者とソーシャルワーカーは疾患の評価や経過をみることに役立てることができる。同意や秘密保持、プライバシー、社会的排除などへの留意する場合に役立つ。利用者が ICT を使うことによって、他者と会話するなど生活を補助することにも役立つのである [46]。

　3つめに、ICT をソーシャルワークに活かすことができる。例えば、情報の知識や活用方法、情報の仲介的支援、実践の根拠として使用することができる [47]。この点は、ICT を補助的に活用することで、ソーシャルワークの専門的な支援をさらに高めようとするものである。

　4つめに、ソーシャルワーカーの所属機関で ICT を活用することであ

る。これは、データベースや職員の管理、監視体制などで用いる。これも住民の自由やプライバシー、データを保護することが目的となる。一方でデータベースとして活用する場合、択一式になったり、自由記述欄が限られている場合があり情報の記録方法を理解しておく必要もある[48]。

　5つめには、ICTの特性を活かしたプログラムや学習も考えられる。たとえばeラーニングやバーチャル機能などを活用してソーシャルワーク教育に活かすことである[49]。

　なおICTの活用場面では、これらは別々の活用を想定しているわけではなく、ICTの技術が発展するにつれて境界線は曖昧になってくる。例えば、データベース型のICTでは、インターネットにつながなければ、その機関内だけの限定的な活用である。しかし、インターネットを活用すればネットワークが広がっていく。つまり、ICTの可能性ははじめから決まっているわけではなく、日々進化するICTの技術により広がっていく。

3-3　ICTのシステム特性

　ソーシャルワークにおけるICTは、システム別に類型化[50]して整理することもできる。まず、ミクロシステムでは、利用者とソーシャルワーカー（あるいは、他の専門職）という支援関係におけるアセスメント情報として、生活情報を入力・管理・共有した上でソーシャルワークを展開する。この場合は、面接などを通じてICTを活用する。また必要があれば、利用者の了解を得た後、他の専門職へ情報提供を行うためにICTを活用する。

　メゾシステムでは、利用者とソーシャルワーカーに加えて、専門多職種がICTを活用する。生活情報の直接的な収集は、利用者とソーシャルワーカーの支援関係、利用者と他の専門職による援助関係を通じて行

第1章　問題の所在と本研究の枠組み　　35

われるが、その情報を共有・管理するのがこのシステムである。そのため利用者とソーシャルワーカー間で個人情報の扱いを取り決めるだけでなく、データベースに入っている情報を誰が閲覧できるのか、管理は誰が行うのかという責任が伴う。

　エクソシステムでは、利用者やソーシャルワーカーだけでなく、通常はそれほど、関わらないが、緊急時だけ関わる消防署や警察署などとの情報共有が加わる。この際には、個人情報の取り扱いについて、利用者の了承をとることはもちろん、ICTで管理している情報が、どのような意味をもつ情報なのかを事前に消防署や警察署などに伝えておく必要がある。

　最後にマクロシステムでは、個人情報よりは、地域にある社会資源や行事に関する広報や、交通情報など地域住民が生活するために必要な情報を、メールやインターネット、有線放送等を通じて、行政やサービス供給機関から、地域住民に伝達するためにICTを活用する。

図 1-6　　ICT のシステム特性

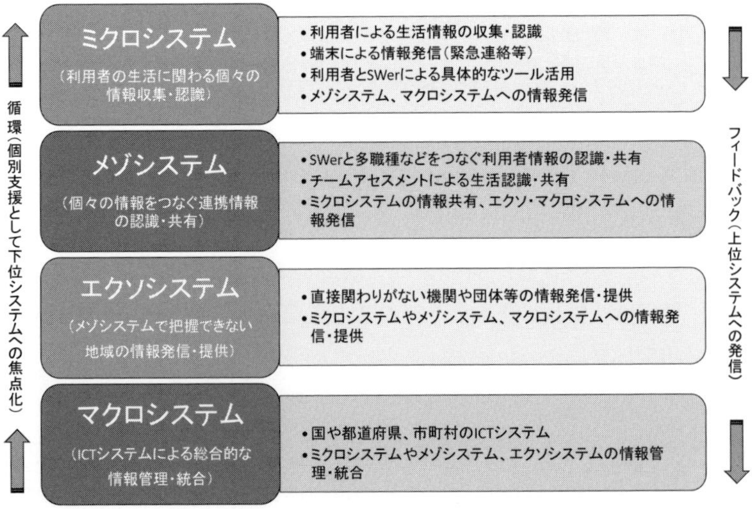

このようなシステム別の類型化は、図1-6のようになると考えられる。ICT を活用すれば、これらのシステム関係は循環とフィードバックが可能である。通常は、ICT システムの情報を個別支援に活用するために、エクソシステムやメゾシステムで連携情報として専門多職種間で共有し、最終的には個別支援としてミクロシステムへ焦点化する循環がある。一方で、利用者への個別な支援で活用する ICT の場合、メゾシステム、エクソシステムやマクロシステムへ情報を発信し、ICT システムの情報修正・更新を行うフィードバックが考えられる。

3-4　本研究の枠組み

「2. 本研究の焦点」で述べた本研究の焦点に対して、前述した ICT 活用の内容をもとに本研究の枠組みを考えると、図1-7のように示すことができる。本研究は、実践で生じた支援困難を利用者の生活認識からとらえ直すことである。利用者の生活認識は、利用者とソーシャルワーカーの協働によって行う。その際、困り感を共有できない場合が支援困難である。

本研究における ICT の活用目的をヒル（Hill, A.）とシャウ（Shaw, I.）の研究[51]をもとにして、具体的な生活支援で活用する ICT（図の上段部分）と生活支援を支える ICT システム（図の下段部分）に分けて考える。さらにヒル（Hill, A.）とシャウ（Shaw, I.）が指摘している5つの活用可能性をICT の活用目的別に、「ソーシャルワーク支援ツール」、「利用者の生活補助」、「学習面の活用」、「利用者の情報管理・共有」、「社会資源の情報管理・発信」、「職員の業務管理・共有」に整理した。なお、ICT 技術の進歩や活用目的によって、ICT を多様に組み合わせ、活用できると考えられる。

第1章　問題の所在と本研究の枠組み　37

図 1-7　本研究の枠組み

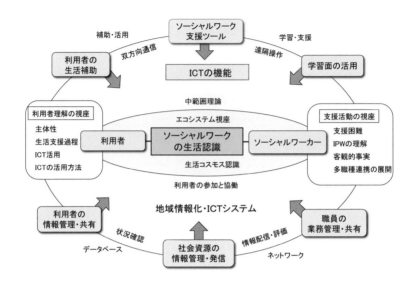

4. 本研究の仮説・目的・方法・構成

4-1　研究仮説

本研究は、太田が提唱するジェネラル・ソーシャルワークを理論基盤としている（詳細は第 2 章で述べる）。そして太田は、「価値」、「知識」、「方策」、「方法」がソーシャルワークの四大構成要素であると位置づけている[52]。本研究はこの四大構成要素にもとづき次の仮説を設定する。

① （価値）支援困難を解決するためには、利用者の主体性と実存性にもとづき、生活情報を再構成することが必要である
② （知識）支援困難を解決するためには、利用者の生活コスモスに立脚した多職種連携が必要である

③（方策）ICT を活用することによって、利用者のニーズに応えることが可能である

④（方法）ICT システムの有機的な活用には、多職種連携による生活認識が必要である

　なお文中の下線部（直線や波線）が、文頭の価値、知識、方策、方法に対応した部分である。いわゆる支援困難が生じた状況は、ソーシャルワーカーにとってみれば、生活課題への取り組みが一時的に停滞した状態であるが、利用者の生活支援においてソーシャルワーカー以外の他職種とも連携ができない状況を招くこともあろう。そして地域にある支援ネットワークシステムを有効に活用できない状況に陥ることもあるかもしれない。

　これらの仮説を設定した理由は、支援困難な状況こそ、ソーシャルワーク固有の枠組みである価値、知識、方策、方法をふまえた具体的な支援方法が問われていると考えたためである。そして、支援困難な状況が生じた場合は、利用者の生活世界を認識することや、利用者の参加と協働による ICT を活用した支援のあり方が問われていると考えて研究を進める。

4-2　研究目的

そして、研究目的を以下のように設定する。

①（価値）ソーシャルワークの原点である利用者の生活認識について、ICT 活用を包含した視点を確立する

②（知識）ICT を活用した生活認識の内容を確立する

③（方策）利用者が参加・協働するために、ICT に対する考え方を提示し、実証的に考察する

④（方法）利用者の参加・協働によるソーシャルワークを支える ICT の活用方法を提示し、実証的に考察する

第 1 章　問題の所在と本研究の枠組み　　39

支援困難な状況下における利用者の生活認識については、研究成果が少ない。そこで本研究では、先行研究で指摘されていない利用者の実存性や生活コスモスを視野に入れ、支援困難に対して、ICTを活用する方法を提示したい。これにより、多職種の使用する言語や視座、思考方法などが異なっても、利用者支援において共通点・独自点をみいだし、ソーシャルワークを展開することができると考えている。

4-3 研究方法

上述の目的を達成するために、ソーシャルワークにおけるICT活用について、以下の4つに分けて考察する。

① （価値）ソーシャルワークの理論と実践をめぐり、生活認識を原点にした利用者支援の「考え方」について、文献研究を行う

② （知識）支援困難を解決するために、ICTを活用した生活認識を整理する枠組みについて、文献研究および事例をもとにして実証的に考察する

③ （方策）利用者の生活認識をとおして、ICTの位置づけについて事例をもとにして実証的に考察する

④ （方法）支援困難を解決するために、利用者支援への生活認識を整理する「方法」を示し、事例をもとに実証的に考察する

以上をもとにして、ソーシャルワークにおけるICT活用による生活認識について考察したい。

4-4 研究構成―概念関係、本研究のフローチャート―

太田の四大要素をもとにして図1-7で示した本研究の枠組みに関連する概念を整理すると、図1-8のようになると考えられる。この図1-8は3つの表から構成されている。図の上段にある表はソーシャルワーカー

の関心をもとに支援活動の視座の概念を整理している。価値要素に関連する概念は、支援困難である。それは「3. ICT の位置づけと本研究の枠組み」で述べたように支援困難は、ソーシャルワーカーの困り感から起こると考えられるからである。そして多職種連携の考え方である IPW を知識要素として理解しながら、客観的現実に即して方策要素を検討し、多職種連携を展開するための方法要素を検討すると位置づけた。

中段の表は、上段の表をもとにして支援困難を解決するために必要な利用者理解の視座に関連する概念である。支援困難を解決するために上段の表を補足する意味合いがある。そのため矢印を加えている。この表は、利用者の主体性という価値要素に関連する概念について、ソーシャルワークの生活支援過程をもとに ICT を活用し、利用者理解へつなげ

図 1-8　本研究の概念関係

	価値要素	知識要素	方策要素	方法要素
支援活動の視座	支援困難（SWer の困り感）	IPW の理解	客観的現実	専門多職種連携の展開

	価値要素	知識要素	方策要素	方法要素
利用者理解の視座	主体性	生活支援過程	ICT の活用	ICT の活用方法

生活認識の鍵概念・視点・特性

鍵概念	立場・価値観	エコシステム視座	地域包括ケアシステム	利用者の参加と協働
視点	実存性	生活コスモス認識	地域情報化	方法の具体性
特性	利用者支援	生活情報の構成と内容	制度・サービス	事実認識と意味づけ

第 1 章　問題の所在と本研究の枠組み　　41

ることを示している。

　なお下段の表は、本研究の焦点となる生活認識に関連する概念の関係であるため、詳細については第2章で述べることにしたい。

　最後に、本研究のフローチャートを図1-9に示している。第1章で述べてきたように、本研究の研究課題を提示し、先行研究を検討して仮説を設定している。そして、ジェネラル・ソーシャルワークにもとづく生活認識をもとにしてICTを活用する焦点とICTシステム活用過程を提示した。そしてこれらの枠組みについて事例検証を行った。その結果から仮説を考察し、ソーシャルワークにおけるICT活用の方法を構築している。

図1-9　本研究のフローチャート

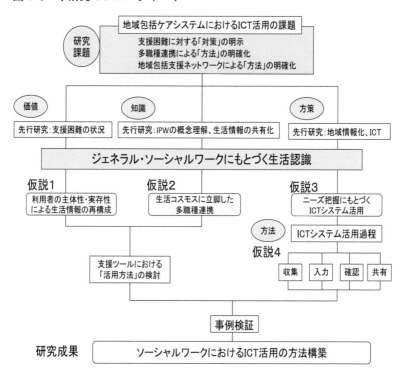

注

1) 厚生労働省社会保障審議会介護保険部会「地域包括ケアシステムについて」『第46回社会保障審議会介護保険部会資料』2013年 6頁。

2) 小笠原浩一・島津望『地域医療・介護のネットワーク構想』千倉書房 2007年 14頁。

3) この高齢者介護研究会報告書は2003年6月に提出されている（厚生労働省高齢者介護研究会報告書『2015年の高齢者介護―高齢者の尊厳を支えるケアの確立に向けて―』http://www.mhlw.go.jp/topics/kaigo/kentou/15kourei/, 2013.11.29）。

4) 特定非営利活動法人日本ソーシャルワーカー協会「地域包括ケアシステムの構築に向けた高齢者が住まい続けるための生活支援に関する調査」『平成24年度老人保健事業推進費等補助金老人保健健康増進等事業報告書』2013年 2頁

5) 内閣府社会保障制度改革国民会議『社会保障制度改革国民会議報告書～確かな社会保障を将来世代に伝えるための道筋～』2013年 28-29頁。

6) 厚生労働省では「多職種協働」が用いられている（厚生労働省高齢者支援課長・振興課長・老人保健課長「地域包括支援センターの設置運営について（通知）」平成18年10月18日、最終改正：平成25年3月29日）。

7) 地域包括支援センターでは虐待事例や支援困難事例への対応が業務となっている（社団法人日本社会福祉士会編『地域包括支援センターソーシャルワーク実践事例集』中央法規出版 2009年 19-103頁）。

8) 岡田朋子は、『支援困難事例の分析調査―重複する生活課題と政策のかかわり―』ミネルヴァ書房 2010年 49-143頁において支援困難事例の調査と分析を行っている。

9) 尾崎新編『「ゆらぐ」ことのできる力』誠信書房 1999年 291-323頁においてゆらぎの活用方法が述べられている。

10) 生活課題へのとらえ方と対応方法については、岩間伸之『支援困難事例へのアプローチ』メディカルレビュー社 2008年 11-190頁において説明されている。

11) 具体的な事例の内容とその解説については、野中猛監修・財団法人名古屋市高齢者療養サービス事業団『支援困難ケアマネジメント事例集』日総研出版 2009年 16-41頁で述べられている。

12) 倫理的ディレンマのとらえ方については、川村隆彦『価値と倫理を根底に置いたソーシャルワーク演習』中央法規出版 2002年 67-78頁で説明されている。

13) 岡本令子編『対応困難な事例に学ぶケアマネジメント―質評価の視点とともに―』医学書院 2003年 35-124頁において支援困難事例とその解説が述べられている。

14) ソーシャルワーカーのトラブル事例とその対応については、ソーシャルワーカーの交渉術編集委員会編『チームケアを成功に導くソーシャルワーカーの交渉術』日本医療企画 2006年 41-150頁で述べられている。

15）西内章「高齢者生活支援における社会福祉士が自問する内容とその構造」『高知女子大学紀要　社会福祉学部編』57　2008 年　45-51 頁。

16）太田義弘・秋山薊二編『ジェネラル・ソーシャルワーク』光生館　1999 年や、岩間伸之「ジェネラリスト・ソーシャルワーク」『ソーシャルワーク研究』31 (1)　2005 年　54 頁を参照いただきたい。

17）Meyer, C, H., (1993) *Assessment in Social Work, Practice*, Columbia University Press, 63.

18）Dubois, B., Miley, K, K., (2007) *Social work:An Empowering Proffssion*, Allyn and Bacon, 65-75.

19）Johnson, L, C. and Yanca, S., J., (2001) *Social work Practice: A Generalist Approach*, 7th ed., Allyn and Bacon. (=2004, 山辺朗子・岩間伸之訳『ジェネラリスト・ソーシャルワーク』中央法規出版　111-114 頁)。

20）Parsons, R, J., Jorgensen, J, D., Hernandez, S., *The Integration of Social Work Practice*, Brooks/Cole, 54-58.

21）Mcmahon, O, M., *The Gereral Method of Social Work Practice: A Generalist Perspective*, 7th ed, Allyn and Bacon, 27-35.

22）高橋恭子「ソーシャルワーク実践における倫理的ディレンマについての一考察―アセスメントモデルを活用して―」『ソーシャルワーク研究』25 (1) 1999 年　47-53.

23）岩間伸之 前掲書 16）54 頁

24）太田義弘・秋山薊二　前掲書 16）1-21 頁

25）厚生労働省社会保障審議会（介護給付費分科会）第 142 回（H29.7.5）参考資料 3（http://www.mhlw.go.jp/stf/shingi2/0000170293.html.2017.11.23）

26）筆者らは、2 年間、高知女子大学（現 高知県立大学）プロジェクトメンバーとして研究を行った。先行研究を検討した結果、IPW は、英国および北欧、米国などで同時期に発祥し、Inter-Disciplinary、Multi-Disciplinary、Multi-Professional、Inter-Sectral の概念が混同して用いられていることを報告書としてまとめた（宮武陽子・西内章・山中福子・廣内智子「平成 22 年度高知女子大学 IPE プロジェクト委員会活動報告書」『学長裁量経費特別調査研究プロジェクト報告書―健康長寿と人間尊厳のまちづくり・高知―』高知女子大学 2010 年 127-165 頁）。

27）白澤政和『地域のネットワークづくりの方法―地域包括ケアの具体的な展開―』中央法規出版 2013 年 21 頁。

28）筆者らは、先行研究を整理する高知女子大学プロジェクト研究を行った。宮武陽子、西内章、山中福子、廣内智子「平成 22 年度 IPE プロジェクト報告書」。

29）前掲書 27）21 頁。

30）地域包括支援センターでは複数の事業を行っているが、各機関の担当地域が同じ場合は、別事業のネットワークであっても担当者が重なる場合がある。

31）前掲書 17）26-27 頁において、白澤政和が「地域包括ケアのスケルトン」という表現を使っている。

32）本章で用いている「ICT」という用語についても、「はじめに」と同様、本文中で何も説明をしていない場合には「ICT システム」を含む概念として用いている。

33）太田義弘編『ソーシャルワーク実践と支援科学—理論・方法・支援ツール・生活支援過程—』相川書房 2009 年 7 頁。

34）安井理夫『実存的・科学的ソーシャルワーク—エコシステム構想にもとづく支援技術—』明石書店 2009 年 43 頁。

35）前掲書 31）7 頁。

36）前掲書 32）122 頁。

37）ブロンフェンブレンナー、U.（磯貝芳郎・福富護訳）『人間発達の生態学』川島書店 1996 年 17-46 頁。

38）中村佐織『ソーシャルワーク・アセスメント—コンピュータ教育支援ツールの研究—』相川書房 2002 年 37 頁。

39）Hill, A. and Shaw, I., *Social Work and ICT*, Sage Publications, 2011, pp.9–19.

40）Pourciau, L.J., *Ethics and Electronic Information in the Twenty-First Century*, Purdue University Press, 1999, 139–150.

41）Hill, A. and Shaw, I., (2011), op. cit., p.2.

42）Harris, H.and Wodarski, J.S., Using Computer Technology in the Measurement and Prevention of College Drinking,Roberts, A.R. and Yeager. K.R.ed., *Evidence-Based Practice Manual: Reasearch and Outcome Measures in Health and Human Service*, Oxford University Press, 2004, pp.456–460.

43）Hill, A. and Shaw, I. (2011), op. cit., pp.16–19.

44）Ibid., pp.20–126.

45）Ibid., pp.20–35.

46）Ibid., pp.36–54.

47）Ibid., pp.55–72.

48）Ibid., pp.74–90.

49）Ibid., pp.91–125.

50）前掲書 35）17–46 頁。

51）Hill, A. and Shaw, I. (2011), *op. cit.*, pp.20–126.

52）太田義弘・秋山薊二編『ジェネラル・ソーシャルワーク—社会福祉援助技術論—』光生館 1999 年 25-33 頁。

第2章

ジェネラル・ソーシャルワークにおけるICT

1. ジェネラル・ソーシャルワークにおける生活認識

1-1 ジェネラル・ソーシャルワークの概念理解

本章では、ICT[1] を有効に活用した生活認識を行うために、本研究の理論基盤と3つの視点について検討する。そして支援ツールやICTシステムの活用課題を考察し、その結果から本研究の焦点となる生活認識へのICT活用方法を提示する。

前章で述べたように、本研究の理論基盤は太田義弘が提唱するジェネラル・ソーシャルワーク[2] である。ソーシャルワークがもつ「一元的特性」[3] を理論として示したのがジェネラル・ソーシャルワークである。ジェネラル・ソーシャルワークの要[4] となるソーシャルワークの定義は次のとおりである。

前文　ソーシャルワークは、その大前提に人権・社会正義・共生・多様性の尊厳を至上の命題とした社会的責務を担う高度専門職

業である。

　ソーシャルワークとは、人間と環境からなる利用者固有の生活コスモスに立脚し、平穏な社会生活の回復と実現を目標に、多様な支援方法による社会福祉サービスの提供、利用者自らの参加・協働する課題解決への支援活動であり、さらに社会の変動や生活の変化に対応した施策とサービスの改善・向上へのフィードバック活動を包括・統合した生活支援方法の展開過程である（2016 年改訂）[5]。

　また太田は、ソーシャルワークの基本的な視点や目的、方法などを次のように整理している [6]。

①視座—利用者を中心に人間と環境からなる固有な生活コスモスを基点にした視野と発想に立脚〔**利用者中心・実存性**〕

②目的—平穏で安定した日常生活の回復から維持や向上への支援を通じ、生活コスモスの再構成と自己実現を目標〔**生活コスモス・価値実現**〕

③体系—利用者と環境理解への科学知識とニーズに焦点化した支援レパートリーの活用と支援ネットワークの構成〔**科学知識の体系・支援ネットワーク**〕

④構想—科学知識を用いた生活コスモスの生態的把握のために理論と実践とを結ぶ構想の活用〔**科学知識の活用・構想の展開**〕

⑤対策—利用者の具体的課題に対する施策と社会福祉諸サービスの動員を通じた解決方策の構成〔**施策の動員・社会福祉サービスの開発**〕

⑥計画—利用者とソーシャルワーカーの参加と協働を可能にする実践方法と支援ツールの活用および支援計画の推進〔**実践の推進と計画・参加と協働**〕

⑦過程—課題追求への支援関係の構成と専門的・科学的過程の深化、利用者の実存的参加を育成しつつ課題解決〔**支援過程の深**

化・課題解決の推進〕

⑧効果─利用者と生活コスモスがもつ社会的自律性の育成、実践過程の評価とサービスや施策の再構成を支援〔**社会的自律性・フィードバックの推進**〕

　ジェネラル・ソーシャルワークは、社会福祉という施策概念を、ソーシャルワークに包括・統合する理論[7]である。さらに支援科学として、ジェネラル・ソーシャルワークを展開し、学際的視野から隣接する諸科学との協働を収斂させる特徴[8]をもつ視野と発想である。これを図示したのが図 2-1 である。

　本研究では、このジェネラル・ソーシャルワークの発想や特性[9]をもとにして ICT を活用した生活認識の視点を整理したい。それは（a）生活の全体性、（b）生活コスモスの認識、（c）実存性への視点である。これらはソフト福祉を強調した視点であり、これらの詳細は「1-2 生活の全体性」で順に説明したい。なお、図にあるエコシステム構想については、「2. エコシステム構想の到達点」で述べる。

図 2-1　支援諸科学とジェネラル・ソーシャルワーク

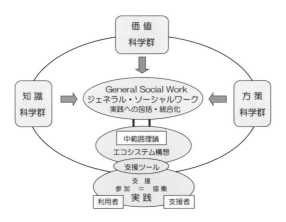

出典：太田義弘「ソーシャルワーク支援への科学と構想」『龍谷大学社会学部紀要』21　2002 年　8 頁

1-2　生活の全体性

1つ目の視点は生活の全体性である。これはジェネラル・ソーシャルワークにおいて、「人間生活へのトータルな視野」[10] として理解されているものである。ソーシャルワークでは、「人と環境」という鍵概念がある。これは、人と環境の相互作用やその変容[11] に着目して生活を認識することと、人と環境の「全体性」[12] を理解する視座が必要であることを示している。

生活の全体性を認識するには、エコシステム視座が有用である[13]。エコシステム視座の特性のうち、生活の全体性に関連するものは次の2点である[14]。

①人と環境を包括・統合するシステムとして、生活を構成するシステム間の均衡や相互作用を認識できること

②環境へのインターフェイス（interface）に着目し、利用者、家族、友人、地域などへの視座を提供すること

マクメイアン（McMahon, M. O.）は、エコシステム視座が、身体的、心理的、霊的、社会的、政治的、教育的、経済的（職業的）、性的などの要素を同時にとらえることに適している[15] と述べている。エコシステム視座の特性に着目する理由は、利用者システム、家族システム、小集団、組織、コミュニティという要素[16] を具体的に認識して生活をとらえようとする実践の概念的枠組み[17] を提供しているからである。

すなわち、エコシステム視座は、システム思考と生態学的視座の基本特性を統合した視座[18] であるといえる。実践でエコシステム視座を用いることは、生活に関連する要素やシステムがどのように関係しているか、時系列の変容がどうなったかなどに着目して、アセスメントする際に役立つと考えられる。エコシステム視座は、ICT を活用した実践でも意義があると考えている。前章で述べたように ICT は多種多様な活用ができるが、万能ではなく[19]、どれを活用しても生活全体が自動的に

第2章　ジェネラル・ソーシャルワークにおける ICT　　49

認識できるわけではないからである。

　そこで生活全体を認識するために、利用者の生活情報を補助する ICT を活用することが必要である。生活を抽象的にとらえるのではなく、エコシスエム視座から各システムの構造・機能・変容 [20] に着目して、実体としてとらえるために、ICT を活用して包括・統合的に生活を認識することである。

1-3　生活コスモスの認識

　2つ目の視点は、利用者の生活コスモスに着目することである。生活コスモスは、利用者の固有な生活を認識するために不可欠な鍵概念である。コスモス（cosmos）とは、「それ自身のうちに秩序と調和とをもつ宇宙または世界」[21] のことである。そして生活コスモスとは、「その人独自の秩序と調和をもつ生活世界」[22] を意味すると考えることができる。

　また生活コスモスの特性は、利用者の「考え方や習慣、心身の健康、家庭や近隣、職場や学校、そこでつくられる家族や隣人、同僚、友人といった人間関係など、多くの要素によって人間の生活が構成されており、それらの要素は個々に独立したものではない」[23] ことである。

　さらに時間的な変容があるため、「利用者の生活コスモスは、多種多様な要素が結びついて広がっている利用者独自の生活状況と、その広がりが時間的経過のなかで変化し、その変容が積み重なってできる生きざまとしての過程」[24] と理解することができる。生活コスモスを認識することは、利用者からみれば具体的な現実ではあっても、他者には把握や理解が困難な現実状況 [25] を認識することである。

　ここで確認しておきたいことがある。本研究が着目しているのは、生活コスモスであるが、この「コスモス」の反対語に「カオス」がある。カオス（chaos）とは「形を未だ有しない無秩序な状態」[26] を意味する。その後、秩序や調和を欠いた「混沌」が、カオスの意味として加わった

と理解されている[27]。

　本研究でとり上げている支援困難は、支援の方向性がみえない状態であり、「援助者側の混沌状態である」[28]と考えられる。つまりコスモスとカオスに着目すれば、「本研究は混沌状態である支援困難を解決するために、利用者の生活コスモスに着目して支援を展開する研究である」と表現できる。

1-4　実存性への視点

　3つ目が実存性[29]への視点である。利用者の生活認識には、利用者自身による実感が欠かせない。それはソーシャルワーカーの客観的な判断による支援ではない。久保紘章は、利用者から発想する視点[30]の意義を述べている。これが本研究において「実存性への視点」[31]として強調している事柄である。

　安井理夫は、実存性に着目した支援を展開することにより、「利用者が自らの体験に、実感としてコミットできたとき、自分の生活あるいは人生という物語には多様な受け止め方があることに気づいたり、そこに新たな意味をみいだすことができるようになる」[32]と述べている。

　つまりソーシャルワーカー[33]が、時間的な変容に着目し「分析や解釈によって因果関係として明らかにするのではなく、利用者が物語として自らの価値観で再構成すること」[34]に意味があると考える。

　一方で、ソーシャルワーカーも一人の人間として、固有の身体的・精神的・社会的環境から影響を受けており、このことをソーシャルワーカーも自覚しておく必要がある。久保と安井の指摘は、ソーシャルワーカーが「自らが体験している実感と客観的に把握された事実あるいは専門知識と照合し、ずれがあるときには、そのことに気づき、意識化できる能力が要求される」[35]ことを示している。

　すなわち実存性への視点とは、利用者とのコミュニケーションを通じ

第2章　ジェネラル・ソーシャルワークにおける ICT　　51

て、利用者が実感している内容を基点に客観的事実やソーシャルワーカーが認識した状況を確認することである。利用者固有の実存性に対し、事実に対する意味づけを利用者とソーシャルワーカーがともに行う過程こそが、実存性への視点にもとづいた支援であるといえる。

　以上、ここであげた生活の全体性、生活コスモスの認識、実存性への視点は、ソーシャルワークにおいても重要な鍵概念である。利用者の生活認識では、これらが相補的に関連していると考えられる。これらの視点をふまえて「2. エコシステム構想の到達点」と「3. ICT システムの現状と活用課題」では、ソーシャルワークにおける ICT の現状と活用課題を考察する。

2. エコシステム構想の到達点

2-1　エコシステム構想の開発目的

　太田を研究代表とするエコシステム研究会では、エコシステム構想として、利用者の生活コスモスを認識するための支援ツールの研究・開発を行っている。支援ツールは、利用者の生活コスモスを認識するために、利用者とソーシャルワーカーが協働して活用する ICT である。

　太田はかねてよりエコシステム視座にもとづく実践の科学化に挑戦してきた。支援ツール開発目的のうち、他の ICT の開発目的と違う点[36]として次の4つがあげられる。

①原点に回帰した視野と発想の固有性を追求し、生活コスモスのエコシステム的可視化と状況の共通理解ができること

②支援ツールを介した参加と協働の支援と自己実現を目指していること

③利用者とソーシャルワーカーの二者関係および多職種連携による支

援過程局面に対応した技術と技法の展開ができること

④エコシステム構想に基づく実践方法の敷衍であること

　支援ツールは、他のICTと比較して独自性がある一方で、コンピュータを用いて支援を展開する手法については、疑義や批判があることも事実である。この点について、御前由美子は、「精神障害者社会生活評価尺度（LASMI）」と支援ツールの目的が異なることを述べている[37]。同様に、独居高齢者の見守り用ICTや緊急通報用のICTなどは、緊急状態を知らせるためのものでパソコン画面に表示された情報を誰がみても同じ解釈ができることが重要である。

　これに対して支援ツールは、ビジュアル化したグラフそのものが答えを表しているわけではない。ビジュアル化したグラフを利用者とソーシャルワーカーが協働して、なぜ、このような状況なのかを話し合うためのICTである。すなわち支援ツールは、入力した情報を処理し利用者の生活コスモスをビジュアル化することに意義がある。これが他のICTと違う部分である。しかしこの相違を理解しづらいこともあり誤解を生むことがある。

　このように支援ツールはICTであるが、他のICTとは開発目的や特性が異なる点があるため、実践で支援ツールを活用する際には、支援ツールの開発目的とその独自性について十分理解しておくことが必要である[38]。

2-2　生活のシステム構成

　エコシステム構想における支援ツール開発では、生活コスモスをシステムとして認識することを主眼としている。図2-2は、太田による生活のシステム構成[39]を示している。

図 2-2　生活のシステム構成

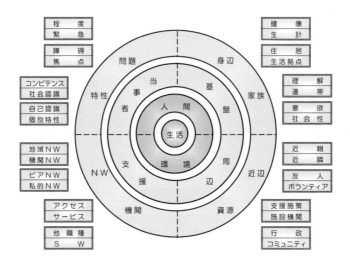

出典：太田義弘・中村佐織・石倉宏和編『ソーシャルワークと生活支援方法のトレーニング―利用者参加へのコンピュータ支援―』中央法規出版 2005年 20頁

　支援ツールは、このシステムの構成子と階層に着目して開発されている。生活全体を人間と環境の構成子に分類し、人間は当事者・基盤に、環境は周辺・支援から構成されるととらえる。これを特性・問題・身辺・家族・近辺・資源・機関・ネットワークという 8 つの構成子に分割したうえで、8 つの構成子に 4 つずつ対応する 32 の構成子をもとに生活コスモスを認識するものである。

　支援ツール開発では、この生活のシステム構成にもとづき、構成子の内容や階層を検討する必要がある。御前は、家族のいない単身の利用者であれば、どんなに努力しても「家族」に関するデータ変化が起きず、利用者の意欲が促進されない可能性があると述べている[40]。そして利用者とソーシャルワーカーが話し合い、必要と思われる構成子を抽出してもよいのではないかと意見を述べている[41]。

しかし、いくら利用者とソーシャルワーカーが話し合っても、全く何もない状態で生活コスモスを認識することはかなり難しいと思われる[42]。そこで太田やエコシステム研究会のメンバーによって、生活を認識するための構成子パイロット研究が行われているのである[43]。図2-3は、今後の支援ツールの開発をみすえて太田が提示した支援ツール開発におけるシミュレーション階層の例示[44]である。

図 2-3　シミュレーション階層構成の例示

階　層	階層の構成内容	例　示
ホーリズム（統合的全体性）	実体（時間・空間／質・量）	生活コスモス
マクロ構成子（領域構成子）	2システム分割＋α（要論理）	人間／環境 構造／機能
エクソ構成子（分野構成子）	上位構成子の4分割＋α（要論理）各マクロ構成子の2システム分割	上位構成子の組合 当事者／基盤／周辺／支援
メゾ構成子（属性構成子）	上位構成子の8分割＋α 各メゾ構成子の2システム分割	生活コスモスの基本特性
ミクロ構成子（内容構成子）	上位構成子の32分割＋α 各メゾ構成子の4システム分割	生活コスモス特性把握の概要指標
ファクト構成子（因子構成子）	上位構成子の128分割＋α 各ミクロ構成子の4システム分割	事実把握への質問

出典：太田義弘「多目的SW支援ツールの開発計画と推進」エコシステム研究会　2013年9月12日配付資料

2-3　支援ツールの開発状況

エコシステム構想にもとづき、ソーシャルワークの教育や実践で活用できる支援ツールの開発が行われている。現在、開発されている支援ツールは、利用者支援、教育訓練への支援、スーパービジョンなどでの

活用が考えられている [45]。

　支援ツールは、実践で活用されている「ジェノグラム」や「エコマップ」などのマッピング、ケアマネジメントで用いるアセスメントツールなどと比べて、特に、利用者の生活コスモスを認識しようという目的があること、複数のパターンでビジュアル化すること、将来の生活をシミュレーションができることなどが特徴としてあげられる [46]。

　これまで支援ツールの開発は、ソーシャルワーク教育領域、精神障害者福祉領域、高齢者福祉領域、知的障害者福祉領域、医療福祉領域などで行われてきた [47]。そして実際に、有益に利用できる結果を得ている。

　これまでに開発されてきた支援ツールの活用方法は、(a) 利用者の自己理解を助けるツールとして活用すること、(b) ソーシャルワーカーがアセスメントツールとして活用すること、(c) 支援過程をとおして利用者とソーシャルワーカー両者が相互理解を深めるために活用することなどがあげられる。

　(a) は、利用者自身と利用者をとりまく生活環境をアセスメントする際に、エコスキャナーを活用し、一時的な状況理解のみならず、エコシステムとしての変容も認識するものである。(b) は、生活状況をビジュアル化することで、利用者理解やソーシャルワーカーの自己理解を深めることにつなげようとするものである。(c) は、(a)、(b) の両方を併用することにより、利用者とソーシャルワーカーの認識の相違を確認し、相互理解を深め、よりよい生活支援に活用しようとするものである。

　筆者は、エコシステム研究会において、チームアセスメント支援ツール開発グループに所属している。そこではハイリスクな利用者システムに対して、多領域のソーシャルワーカーから構成されるチームアプローチにおいて活用する支援ツールの開発を行ってきた。本研究で扱っている支援困難の状況においても活用できる支援ツールである。

2-4　支援ツール開発の到達点

　これまでの支援ツール開発について ICT としての到達点を整理しておきたい。現在の支援ツールは、コンピュータを活用することにより、利便性・効率性・整合性・創造性が向上している[48]。

　支援ツールを活用することによって、情報の入力・訂正・整理が素早く確実にできるようになった（利便性の向上）。また利用者の生活情報を、質問項目への回答を選択肢にすることで、支援の迅速化、精微化、省力化につながっている（効率性の向上）。さらに、生活コスモスをビジュアル化できることで、利用者とソーシャルワーカーの認識の相違が確認できることから、利用者が自分の生活コスモスを認識しやすくなった（整合性の向上）。そして、シミュレーション機能を活用することで、将来の生活コスモスも確認できるようになったと考えられる（創造性の向上）。

　この内容を ICT 活用という点からさらに検討してみたい。前章で、ヒル（Hill, A.）とシャウ（Shaw, I.）の指摘をもとにして整理した「ソーシャルワークにおける ICT 活用の可能性」は次のとおりであった[49]。

　①ICT のネットワークを活用すること
　②情報の閲覧や他者とコミュニケーションができること
　③ソーシャルワークを補助するために活用すること
　④ソーシャルワーク機関のデータベースとして活用すること
　⑤教育プログラムや学習補助として活用すること

　なおヒル（Hill, A.）とシャウ（Shaw, I.）は、ソーシャルワークの多様な場面で活用することを想定している。一方、支援ツールはあくまでも利用者とソーシャルワーカーが生活コスモスを認識するためのツールであることから、ICT として考えれば、支援ツールは限定的な活用目的である。そこでヒル（Hill, A.）とシャウ（Shaw, I.）の指摘のうち支援ツールがどの部分を担っているかを検討したい。

　まず現在の支援ツールは、実践場面と教育場面で活用していることか

ら、既に③と⑤に対応できる ICT である。また E メールなどを活用すれば、現在の支援ツールでも①に対応できると考えられる。②については、利用者が子どもや視覚障害者、要介護高齢者などである場合、ソーシャルワーカーが利用者に対して質問やビジュアル化した内容を口頭で補足してわかりやすく言い換えている。④については、現在、データベース化に向けて検討しているところである。

　支援ツールは、今後も開発が継続し改善することになっている。本研究では ICT としての可能性をさらに検討してみたい。そこで「3. ICT システムの現状と活用課題」では、生活認識のために支援ツールを補足できる可能性がある ICT システムについて現状と活用課題を検討する。

3.　ICT システムの現状と活用課題

3-1　ICT システムの普及

　ここでは地域包括ケアシステムを支える ICT システムの現状について確認してみたい。総務省は、医療、福祉、防災、地域活性化などへの ICT システムの取り組み[50] についてまとめている。

　2012 年度の総務省がまとめた取り組みから、地域包括ケアシステムに関連すると思われる ICT システムを選出すると、医療連携・遠隔支援、救命救急支援、健康維持促進、介護連携・業務改善、安心・安全・見守りなどの種類がある。

　医療連携・遠隔支援の ICT システムでは、「飯田下伊那診療情報連携システム事業（長野県飯田市）」や「県・圏域を超えた広域医療連携を目指す ICT システム『広域連携ゆめ病院』事業（NPO 法人和歌山地域医療情報ネットワーク協議会）」などがある。これらは、患者の症状や医療情報を地域の医療機関で共有し、かかりつけ医から病院、さらに在宅医療へ円

滑な移行を可能にするものである。

救命救急支援のICTシステムには、「救急車車載カメラ映像伝送による救急医療支援事業（宮崎県日向市）」や「奈良県救急医療管制支援システム事業（NPO法人CHORD-J）」などがある。これらは、患者の症状を救急隊と医療機関で共有し、スムーズな救急搬送を行うものである。

健康維持促進のICTシステムの実際は、「ICTを活用した生活習慣病の予防・改善事業（NPO法人食事療法サポートセンター）」などがある。これは高齢者の自宅、大学病院、医療機関、NPO法人で患者の情報を共有し、生活習慣病予防・改善に役立てるものである。

介護連携・業務改善のICTシステムでは、「南相馬市ICT活用在宅介護システムモデル事業（福島県南相馬市）」がある。これは介護保険施設の空き状況の確認や利用予約ができたり、自宅にいる高齢者の画像を介護保険事業者などが確認できるものである。

安心・安全・見守りのICTシステムでは、さきほどの福島県南相馬市も実施しているが、他の取り組みでは、「地域のソーシャルキャピタル（地域力）を豊かにするユビキタス見守りネットワーク（ひご優ネット）の構築（NPO法人熊本まちづくり）」などがある。これは、民生委員、地域住民、介護事業者、要援護者家族などの間で見守り情報を連携・共有したり、福祉関連情報、eラーニング機能、GPS機能などを搭載したものである。

3-2　ICTシステムの活用範囲

次にICTシステムの活用範囲を考えてみたい。総務省がまとめた取り組みをみる限りにおいて、ICTシステムの活用範囲は活用種別と実施主体に影響を受けると考えられる。

まず活用種別は、先ほど述べたように地域包括ケアシステムに関連すると考えられるものだけをあげても、医療連携・遠隔支援、救命救急支

援、健康維持促進、介護連携・業務改善、安心・安全・見守りなど多岐にわたる。そして、ICT システムの活用種別ごとに活用範囲が異なっているのである。例えば医療連携・遠隔支援では、患者と医療機関が主な参加であるが、「在宅医療を実施できる範囲だけ」や「連携が必要な医療機関がある範囲だけ」というように範囲を限定的にして活用されている。

　また自治体や企業、第三セクター、NPO 法人など ICT システムの実施主体によっても ICT の活用範囲が異なっている。例えば、都道府県や市町村などが、実施主体の場合には、その自治体全域が ICT システムの範囲となる。複数の自治体が合同で ICT システムを構築する場合などは、参加した複数の自治体全域が ICT システムの範囲となる。企業や第三セクターが実施主体の場合には、その業務の利便性・効率化を主眼として活用範囲を設定していると考えられる。

　さらに複数の ICT システムを組み合わせて総合的な ICT システムを構築し、活用範囲が広がっているものもある。これには、介護保険施設の情報提供用 ICT システムと高齢者の見守りのための ICT システムを組み合わせている福島県南相馬市の場合などが該当する。

図 2-4　保健・医療・福祉をつなぐ ICT システム（イメージ）

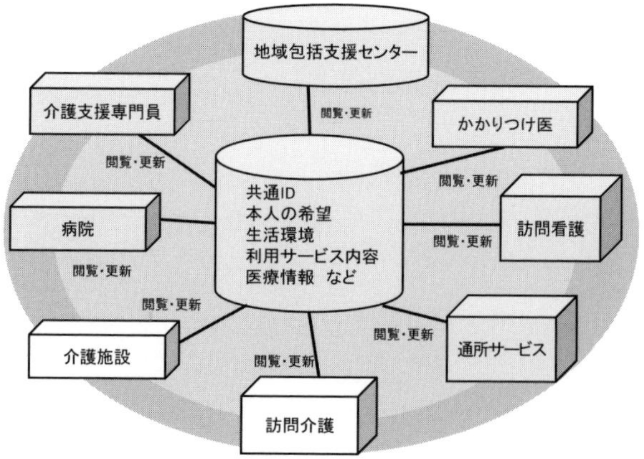

3-3　ICTシステムの活用者

　ICTシステムによって活用者[51]は異なる。例えば、(a) 図書の文献情報など地域住民が活用するもの、(b) 求人情報など登録した人のみが情報を閲覧できるもの、(c) 行政職や専門職など、その業務に特化した人のみが活用できるICTシステムがある[52]。

　これは、地域包括ケアシステムに関連すると思われるICTシステムの場合も該当すると考えられる。例えば、介護保険施設の情報などを閲覧する場合には、地域住民全員が活用者である。また高齢者の見守りのために活用するICTシステムでは、個人情報の扱いを考慮して、登録した高齢者本人と保健・医療・福祉専門職や行政担当者など高齢者支援に関わる人々に限定している場合が多い。また医療連携のICTシステムでは、病院などの保健・医療・福祉専門職に限定している場合が多い。

　つまり、ICTシステムを導入する場合には、地域住民への情報提供や多職種連携など複数の活用者を対象としている。そして、これまで連携が不可欠と考えられていた行政、社会福祉協議会など関係機関をICTシステムでつなぎ、情報を共有化することが主眼であると考えられる。

3-4　ICTシステムの活用課題

　ICTシステムの現状をふまえて情報の特性に着目して活用課題をあげる。コンピュータとネットワークを介在させる[53]ことによって、さらに情報化が進みICTシステムの導入につながったといえるが、情報の特性について留意しなければならないと考えている。それは、コンピュータによって処理できるのは、形式知と呼ばれる定型的な知識のみであり、暗黙知を処理することは一般的に不可能である[54]という点である。

この表現は、少し理解しがたい印象をもつかもしれないが、この形式知と暗黙知の関係を、交通規則と車の運転に例えることができる[55]。形式知が交通規則で暗黙知が車の運転である。交通規則についてはテキストを読めば理解することが可能であるが、テキストをいくら読んでも車を運転できるようにはならないからである。車の運転をするためには、経験者の指導を受けながら、実際に車を運転し、繰り返し練習をしなければならない。つまり言語に変換できる形式知は ICT システムに適した情報であると考えるが、他者に暗黙知を伝達したり、共有することが極めて困難であることがその理由である[56]。

　すなわち、ICT システムを活用する場合は、暗黙知と形式知の情報を区別して考えなければならない。暗黙知に関心をもって利用者と関わることは、ソーシャルワーカーにとって、非常に重要である。利用者とソーシャルワーカーによる二者関係を基本とした支援ツールの場合では、利用者とのコミュニケーションを通じて暗黙知を確認できる。しかし、ICT システムの場合には、コンピュータで表示されている情報だけでは解釈ができないため、その都度、他の専門職に暗黙知を確認する必要がある。

　そして ICT システムを活用したソーシャルワークを展開する場合には、ICT システムの特性を理解し、暗黙知と形式知の相違を理解して活用することが課題となると考えている。

4. ICT システムを活用する枠組み

4-1 ICT としての支援ツール

　本章で述べてきたことをまとめておきたい。本章「1. ジェネラル・ソーシャルワークにおける生活認識」で考察したようにソーシャルワークの生活認識とは、利用者の生活コスモスを認識することである。そして、ジェネラル・ソーシャルワークとして、利用者がその状況をどのように認識しているかという点が重要であることを説明した。

　図 2-5 は、支援ツールを活用した際の ICT の機能を説明している。利用者とソーシャルワーカーにとっては支援の枠組みであり、ソーシャルワーカーの独断による実践にならないように ICT を活用することである。

　現在のところ、ソーシャルワークとして生活コスモスを認識するために開発されている ICT は、エコシステム構想にもとづく支援ツールだけである。

図 2-5　生活認識における ICT

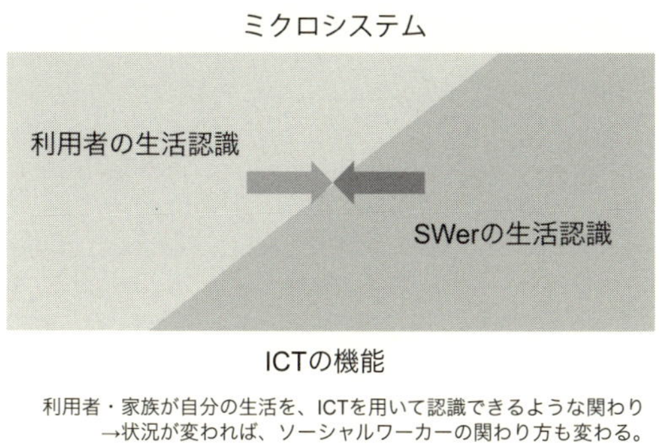

ミクロシステム

利用者の生活認識

SWer の生活認識

ICT の機能

利用者・家族が自分の生活を、ICT を用いて認識できるような関わり
→状況が変われば、ソーシャルワーカーの関わり方も変わる。

4-2 支援ツール活用の焦点

エコシステム構想における支援ツールについてまとめておきたい。図2-6は支援ツールを活用したソーシャルワークの焦点を示したものである。前章で述べたように、本研究の焦点は生活認識である。

生活認識を行うためのICTとして支援ツールを活用する理由は、利用者の参加と協働による利用者の主体性に着目した支援を展開するためである。その際、(a) 利用者自身による生活認識であるかどうか、(b) 利用者の参加と協働による生活認識を通じた支援が展開できるかどうか、(c) 利用者の主体性を活かして支援ツールを活用できているかどうか (d) 利用者の参加と協働による支援ツールの活用ができているかどうかを意識することになると考えられる。

図2-6 支援ツール活用の焦点

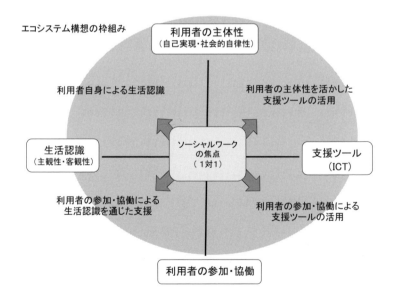

4-3 ICTシステム活用の焦点

「3. ICTシステムの現状と活用課題」で述べたようにICTシステムを活用する場合には、多職種連携が前提になる。図2-7は、ICTシステムを活用したソーシャルワークの焦点として示したものである。図2-6との相違は、多職種連携としてICTシステムを活用するため、生活認識の内容がそれぞれの専門職で異なる可能性があることである。

そこで、職種による生活認識の相違に着目しながら、ICTシステムを活用することになる。その際、(a) 職種による生活認識の相違をふまえた生活情報の共有・検討ができているかどうか、(b) 生活認識を通じた多職連携が展開できているかどうか、(c) ICTシステムを活用して生活情報の共有・検討ができているかどうか、(d) 多職種連携にICTシステムが活用できているかどうかを意識することになると考えられる。

図2-7 ICTシステム活用の焦点

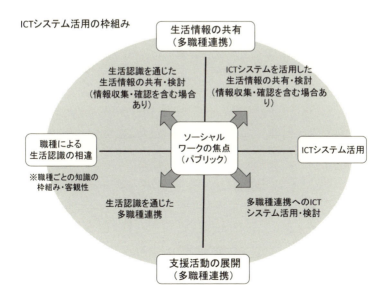

4-4 ICT システムの包括・統合的な活用

これまで述べてきた「支援ツール活用の焦点」と「ICT システム活用の焦点」は、ジェネラル・ソーシャルワークを理論基盤にすれば、つながりのある枠組みとして理解できる。それが図 2-8 である。また、この図は、生活認識のために支援ツールを中心にすることで、前章で説明した本研究の枠組み（図 1-7）の展開図として位置づけることができると考えている。

ソーシャルワークでは、利用者とソーシャルワーカー（あるいは、教育場面では学生と教員など）の二者関係による支援ツールの活用が基本である。そして、その二者だけでは問題が解決できない場合には、多職種連携による支援を考えることになるが、その場合には、保健・医療・福祉の機関や施設をつなぐ ICT システムを活用する。

つまりソーシャルワーカーとしては、支援ツールの活用を基本に多職種連携を展開するために、ICT システムを活用するという考え方である。これまで複数の ICT や ICT システムを併用している機関や施設、病院などで働く場合には、ICT の活用方法に混乱が生じることもあったが、エコシステム構想の支援ツールを基本にすることで、その混乱を防ぎながら、本来のソーシャルワークを展開できる枠組みを確保できる。

図 2-8　ICT システムの包括・統合的な活用―「図 2-6」と「図 2-7」の統合―

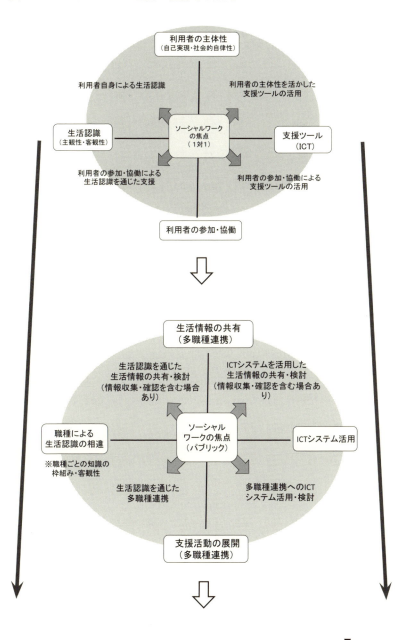

ジェネラル・ソーシャルワークの展開

ICT システムの包括・統合

⇩

生活情報の共有
（多職種連携）

生活認識を通じた
生活情報の共有・検討
（情報収集・確認を含む場合あり）

ICTシステムを活用した
生活情報の共有・検討
（情報収集・確認を含む場合あり）

利用者の主体性
（自己実現・社会的自律性）

利用者自身による生
活認識

利用者の主体性を
活かした支援ツールの活用

職種による
生活認識の相違

生活認識
（主観性・客観性）

ソーシャルワーク
の焦点

支援ツール
（ICT）

ICTシステム
活用

※職種ごとの知識の枠組み・
客観性

利用者の参加・協働による
生活認識を通じた支援

利用者の参加・協働による
支援ツールの活用

生活認識を通じた
多職種連携

利用者の参加・
協働

多職種連携への
ICTシステム活用・検討

支援活動の展開
（多職種連携）

68

注

1) 本章で用いている「ICT」という用語についても、「はじめに」や「第1章」と同様、本文中で何も説明をしていない場合には「ICTシステム」を含む概念として用いている。

2) 太田義弘が提唱しているジェネラル・ソーシャルワークの文献は複数ある。ジェネラル・ソーシャルワークの基礎概念について、太田義弘・秋山薊二編『ジェネラル・ソーシャルワーク―社会福祉援助技術論―』光生館 1999年 9-42頁を参照いただきたい。

3) 太田義弘「ソーシャルワーク支援への科学と構想」『龍谷大学社会学部紀要』21 2002年 6頁。

4) 前掲書2) 21頁において、ソーシャルワークの原理や方法、視点や発想をジェネラル・ソーシャルワークとして展開することを述べている。

5) 太田義弘・中村佐織・安井理夫編『高度専門職業としてのソーシャルワーク―理論・構想・方法・実践の科学的統合化―』光生館 2017年 18頁。

6) 同書 19頁。

7) 太田義弘「ソーシャルワークの臨床的展開とエコシステム構想」『龍谷大学社会学部紀要』22 2003年 6頁。

8) 前掲書3) 6-9頁において、ジェネラル・ソーシャルワークの考え方にもとづく「支援科学」として制度・政策の統合化など8つの特徴をあげている。

9) 前掲書2) 21頁において、太田はジェネラル・ソーシャルワークの発想や特性を8つあげている。

10) 前掲書2) 21頁。

11) ジャーメイン（Germain, C.B.）とギッターマン（Gitterman, A.）は、人と環境の関係性を変化させたり、環境を変化させることを述べている（Germain, C.B. and Gitterman, A., *The Life Model of Social Work Practice*, 2nd ed., Columbia University Press, 1996, pp.8-9.）。

12) マクメイアン（McMahon, M.O.）は Holism や Holistic を鍵概念として説明している（McMahon, M.O., *The General Method of Social Work Practice: A Generalist Perspective*, 3rd ed., Ally and Bacon,1996, pp.4-5.）。

13) メイヤー（Meyer, C. H.）は、エコシステム視座が利用者とその環境を構成する要素と境界を認識することを可能にしたと述べている（Meyer, C. H., *Assessment in Social Work Practice*, Columbia University Press, 1993, p63.）。

14) ジョンソン（Johnson, L. C.）とヤンカ（Yanca, S. J.）が述べているエコシステム視座の特性から「生活の全体性」に関連する内容として2つに整理したものである。（Johnson, L, C. and Yanca, S. J., *Social Work Practice : A Genetarist Approach*, 7th ed., Ally and Bacon, 2001, p153.）。

15) マクメイアン（McMahon, M. O.）は、先行研究を紹介しながらエコシステム視

座を説明している（McMahon, M. O., (1996), op.cit., p.25.）。

16）Ibid., p.25.

17）ミレー（Miley, K. K.）、オメリア（O'Melia, M.）、デュボイス（DuBois, B.L.）は、エコシステム視座による概念枠組みを提示している（Miley, K. K., O'Melia, M. and DuBois, B. L., *Generalist Social Work Practice: An Empowerring Approach*, Ally and Bacon, 1998, pp46–50. ）。

18）太田は、システム思考と生態学視座の特性比較を行い、両者の共通特性からエコシステムの特性を導いている（太田義弘『ソーシャルワーク実践とエコシステム』誠信書房 1992 年 99-109 頁）。

19）ICT が万能でないことは、「第 1 章 3. ICT の位置づけと本研究の枠組み」で述べている。

20）前掲論文 7) 6 頁

21）新村出編『広辞苑　第六版』岩波書店 2008 年 1018 頁

22）前掲書 6) 27 頁

23）同書 27-28 頁

24）同書 28 頁

25）太田義弘「支援科学としてのソーシャルワーク実践と方法」『ソーシャルワーク研究』28（2）2002 年 35 頁

26）廣松渉・子安宜邦・三島憲一・宮本久雄・佐々木力・野家啓一・末木文美士『岩波哲学・思想事典』岩波書店 1998 年 219 頁

27）同書 219 頁

28）前掲書 3) 7 頁において、太田は「援助者側の発想」ではなく「利用者側の発想」の意義を述べている。「支援困難の状態」は「利用者側の発想」ではなく「援助者側の発想」であると理解できる。なお本研究の第 4 章において「援助者側の発想」による支援困難の内容について事例検証と考察を行っている。なお、本章では「利用者側の発想」と「援助者側の発想」を区別せずに「ソーシャルワーカー」という表現を用いている。

29）前掲論文 25) 37 頁において「ソーシャルワークの科学性・専門性とは実存性を原点にした大前提から成り立っていること」を太田が指摘している。

30）久保紘章『ソーシャルワーク―利用者へのまなざし―』相川書房 2004 年 117-132 頁

31）安井理夫『実存的・科学的ソーシャルワーク』明石書店 2009 年 124–133 頁

32）同書 127 頁

33）ここの「ソーシャルワーカー」も、一方的な支援を行う「援助者側の発想」の意味である。

34）前掲書 31) 127 頁

35）前掲書 31) 135 頁

36) 太田はエコシステム構想の目的を 8 つ示している。これをもとにして他の ICT
との相違について 4 つの独自性が指摘できる（太田義弘・西梅幸治「エコシス
テム構想をめぐる手法と支援ツール―ソーシャルワーク実践へのチャレンジ―」
『総合福祉科学研究』2011 年 4 頁）。

37) 御前由美子『ソーシャルワークによる精神障害者の就労支援―参加と協働の地
域生活支援―』明石書店 2011 年 79-80 頁

38) エコシステム研究会で行っている支援ツールの開発でも、調査協力者や利用者
に対して、事前に支援ツールの開発目的や支援ツールの独自性を説明し、十分
理解してもらった上で事例研究を実施している。

39) 前掲書 5) 20 頁

40) 前掲書 37) 73 頁

41) 同書 73 頁

42) 同書 73 頁

43) 前掲書 6) 236-239 頁

44) 太田義弘「多目的 SW 支援ツールの開発計画と推進」エコシステム研究会、
2013 年 9 月 12 日配付資料

45) 太田らは、支援ツールと子ども虐待ケース・マネジメントマニュアル、エコマッ
プの特徴を比較している（太田義弘・野澤正子・中村佐織・坂口晴彦・［研究協
力者］長澤真由子・西梅幸治・山口真里「ソーシャルワーク実践へのエコスキャ
ナー開発の研究―支援ツールを用いたスキル訓練の方法―」『龍谷大学国際社会
文化研究所紀要』7 2005 年 105-120 頁

46) 前掲書 5) 44-63 頁

47) エコシステム研究会のメンバーより多様な領域で活用できる支援ツールが開発
されてきた。最新のものでは「End of Life Care」で活用する支援ツールが開発さ
れている（松久宗丙「End of Life Care におけるソーシャルワーク実践―エコシ
ステム構想を活用して―」関西福祉科学大学大学院社会福祉学研究科博士学位
論文 2013 年）。

48) 太田義弘「ソーシャルワーク実践研究とエコシステム構想の課題」『龍谷大学社
会学部紀要』2002 年 1-11 頁

49) 「第 1 章 3. ICT の位置づけと本研究の枠組み」を参照していただきたい（Hill, A.
and Shaw, I., Social Work and ICT, Sage Publications, 2011, pp.20-126.）。

50) 総務省は「地域 ICT 利活用事例集」をまとめている（総務省「地域 ICT 利活用
事例集」http://www.soumu.go.jp/ main_sosiki/joho_tsusin/top/local_support/ ict/
jireishu/index.html, 2013.12.9）。本研究はこれらの先行研究がもとになっている。

51) 本研究では ICT システムを活用する人を「活用者」と表現する。

52) 森本佳樹の 8 つの区分を筆者なりに 3 つに整理したものである（森本佳樹『地
域福祉情報序説』川島書店 1996 年 26 頁）。

53）湯浅良雄・坂本世津夫・崔英靖編『地域情報化の課題─地域に根ざした情報化の可能性─』晃洋書房 2004 年 28-29 頁

54）同書 29 頁

55）形式知と暗黙知の関係を交通規則と車の運転に例えた部分は、湯浅良雄が説明している部分を筆者が要約したものである（同書 29 頁）。

56）同書 29 頁

第3章

ソーシャルワークにおける
ICT システム活用過程

1. 生活支援における ICT システム

1-1 ICT システム活用の意義

　本研究では前章で示したように、多職種が活用する ICT システムに着目している。ICT システムの活用場面を調べてみたところ、単一の職種だけで ICT システムを活用することはほとんどみられなかった[1]。そこで前章の枠組みにもとづいて、本章では多職種による ICT システムの活用方法を過程としてとらえて整理する。

　多職種連携は、それぞれの専門性を活かした支援を展開することが必要である。それは専門職同士が連携することが目的ではなく、利用者主体の発想と視野にもとづいて単一の職種だけでは限界がある場合に、専門多職種が連携して適切な支援を展開することである。そして多職種連携では、それぞれの専門職が収集した情報を、利用者や他の専門職といかに共有するかが重要である[2]。そこで専門用語の誤認を防ぐために地域の保健・医療・福祉機関の専門用語を統一したり[3]、それぞれの専門性について相互理解を促進させる取り組み[4]がみられるようになった。

73

このような状況をふまえて、ICT システムを導入することにより多職種連携が促進し、利用者の生活が向上することが重要である。利用者の生活ニーズに適した生活支援を展開するために、多職種連携として必要な情報は何であるか、その情報の共有先はどこであるかを検討することになる。

情報とは、「ある事柄に関して伝達（入手）されるデータ」[5] である。データそのものには価値判断が含まれないが、何らかの意味合いがある形に整理されると、情報と呼ばれる [6]。データや情報は、伝達することができるので、送り手には価値のある情報であっても、受け手にとっては単なるデータにすぎない場合がある [7]。また反対に送り手に意味がないように思えるデータであっても、受け手には意味がある情報として理解されることがある [8]。

1-2　情報共有の過程

情報を他者に伝える場合には、(a) 収集・整理、(b) 加工・表現、(c) 発信・交換と評価という過程をとる [9]。情報の収集・整理の局面 [10] では、情報を収集する者の目的に対応した情報を選択して収集する（1 次情報）。そして情報をみやすい形に整理すると新たな情報ができる（2 次情報）。これは、利用者の直接的な発言などは 1 次情報であり、それをデータベースに保存するために、保管しやすいように整理したものが 2 次情報である。

次に情報の加工・表現の局面である [11]。私たちは収集した情報を、内容や目的にあわせて加工し、表現を変えている。これは、数値をグラフ化したり、文章として説明し直すなどわかりやすく表現することである。

発信・交換と評価の局面 [12] は、これらの情報を誰に、どのような形式で発信するか、さらに相手との情報交換をとおして、情報に対する理

解が深まる。そして、情報の発信方法や交換方法について、後から自分なりに吟味し評価することである。

この情報の過程をもとに、多職種連携によるICTシステム活用の過程を検討する。多職種連携によるICTシステムが前述の過程と違う点は、次の4点であると考えられる[13]。

①多職種で連携するため、生活情報の「共有」が中心になること
②いずれの過程も1人ではなく複数の専門職が行う場合があること
③ICTシステムは、生活情報量が多いためデータベースを用いていること
④医療・介護情報など正しい情報を伝達することが重要であること

そこでICTシステムでは、「加工・整理」の局面については、多くの生活情報を「整理」するよりは、データベースに決まった生活情報を「入力」することが多い[14]ため、「収集・整理」ではなく、「収集」、「入力」に分けて位置づけることができる。また「加工・表現」および「発信交換と評価」については、ICTシステムでは決まった生活情報を出力するため、表現された内容を専門多職種による「確認」、「共有」として位置づけると、図3-1のような過程になる。

すなわち、多職種連携としてICTシステムを活用する方法の神髄は、過程に着目することであるといえる。

図3-1 ICTシステムを活用した「生活情報の共有」の過程

1-3 生活情報の認識

　ICT システムで扱う生活情報の内容を整理しておきたい。ICT システムを活用した「生活情報の共有」の各局面について、前章で紹介した形式知と暗黙知の区分をもとにすれば、図 3-2 のように整理できる。

　情報収集は、それぞれの専門職が ICT システムに関連するしないに関わらず、面接などを通じて、利用者とその生活情報を収集する。この場合は利用者から直接的に収集する場合と、家族や友人など本人以外の他者から補足的に収集する生活情報がある。また情報入力は、ICT システムのデータベースへ入力することであるが、安否確認や介護保険情報などを導入している ICT システムに入力できるように生活情報を加工する必要がある。雰囲気や秘めた思いなどは、その ICT システムに自由記述欄があれば文章で入力するしかないため、文章化できる限定的な生活情報に限られる。

　情報確認は、ICT システムで表示されている生活情報にアクセス・閲覧することである。表示されている生活情報は正確か、関心がある生活情報が表示されているかを確認することになる。情報共有は ICT システムの生活情報をみながら共有することである。カンファレンスや電話、メールなどを活用して、生活情報の解釈を確認したり、ICT システムには入っていない生活情報を補足するなどの対応が必要である。

図3-2　生活情報の認識

情報収集	①ICTシステムの生活情報 　住所・氏名、家族構成、疾患名など、文字、数値の「形式知」の収集 ②ICTシステムで扱えない生活情報 　雰囲気や秘めた思いなど文字化・数値化できない「暗黙知」の収集
情報入力	①ICTシステムの生活情報 　収集した情報をデータベースへ入力 ②ICTシステムで扱えない生活情報 　文字化、数値化できない力の入力不可
情報確認	①ICTシステムの生活情報 　専門職が個別にアクセス・閲覧、正確または関心のある内容の確認 ②ICTシステムで扱えない生活情報 　入力・表示されていないため確認不可
情報共有	①ICTシステムの生活情報 　カンファレンス、電話、メールなどによる他の専門職との共有 ②ICTシステムで扱えない生活情報 　カンファレンス、電話、メールなどによる生活情報の補足

1-4　「情報収集・情報共有」と「情報入力・情報確認」

ICTシステムを活用した4つの局面は、それぞれの専門職の活動に重点がおかれている場合と、ICTシステムの特性に重点がおかれている場合があると理解できる。その理由について説明したい。

まず4つの局面のうち、情報収集、情報共有の2つの局面は、専門職の活動に重点がおかれた局面であると考えられる。どのような生活情報を収集および共有するか、どこまで収集および共有するかという判断が影響しており、それが専門職に委ねられているからである。よりよい支援を展開しようと考えれば、ICTシステムで管理される生活情報だけでなく、支援に必要な生活情報をより多く収集して生活情報を補足し、利用者を理解する必要がある。情報共有についても同様であり、より適切

な支援を展開するためには、ICT システムで管理されていない生活情報についても他の専門職と共有することが必要である。

一方、情報入力、情報確認の2つの局面は、ICT システムの特性に左右されると考えられる。この2つの局面についてもどのような生活情報を入力・確認するかという選択と判断は専門職に委ねられているが、ICT システムに登録できない生活情報は入力できないし、パソコンなどの情報機器の画面では確認できないような内容は扱えないのである。つまり情報収集、情報共有の局面は、情報入力、情報確認の局面より専門職の活動に影響される局面であると考えられる。

図 3-3 「情報収集・情報共有」と「情報入力・情報確認」

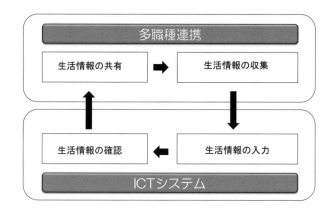

2. ICT システム活用過程

2-1 生活情報収集局面

それではこれまでの検討をふまえて、ICT システムを活用するため

の4つの局面について説明したい。生活情報収集局面は、多職種連携によって行われることを「1.生活支援におけるICTシステム」で説明した。専門職同士のつながりが重要であり、それぞれが自らの業務と並行してICTシステムに必要な生活情報を収集する局面である。

　生活情報収集局面では、各専門職が収集する生活情報について共通理解が必要である。第1章で述べた内容から次の点が指摘できる。

①各専門職が行うアセスメントとICTシステムで扱う情報は必ずしも一致しないこと

②生活情報に偏りがでないように各職種の専門性を活かした収集方法を採用すること

③個人情報保護の観点から収集する生活情報の扱いについてガイドラインがあること

　これらは、導入しているICTシステムの活用目的と各専門職の専門性に整合性があることが重要である。それぞれの専門性とは直接関係ない生活情報まで収集しなければならいようなICTシステムでは、生活情報の収集に時間がとられて多職種連携に支障がでる可能性がある。

2-2　生活情報入力局面

　次に生活情報入力局面について説明する。収集した生活情報を取捨選択して、ICTシステムのデータベースに入力する局面である。どのようなICTシステムを導入しているかにより入力する生活情報が異なる。緊急時連絡用のICTシステムであれば、連絡先や疾患名、かかりつけ医などに特化したものが使いやすいだろうし、医療・介護情報を閲覧するICTシステムであれば、常に最新の情報に更新されていることが重要である。

　そこで、この局面はさきほどの生活情報収集局面と違い、ICTシステムの特性に共通理解が必要である。その内容は次の通りである。

①入力する生活情報の質や量は、ICT の活用目的に合致したものであること

②誰が、いつ、どこで、どのように生活情報を入力するか取り決めがあること

③生活情報の更新が容易にできる機能を備えている ICT システムであること

これらは、ICT システムの活用目的が各専門職に十分理解されている必要がある。活用目的が明確であれば、生活情報の量と範囲が決まり入力が容易になる。またそれぞれ自分が収集した生活情報を、自分の所属機関にあるパソコンなどの情報機器を使って入力する場合や、入力専門の部署をつくり生活情報をまずその部署へ集める方法もある。

2-3 生活情報確認局面

生活情報確認局面について説明する。中村佐織が指摘するソーシャルワークのアセスメント局面[15]にある「認識過程」[16]と類似した局面である。ただし ICT システムでは、すでに情報をデータベースに入力しているため、ICT システムの活用目的にあった生活情報だけを閲覧して、その生活情報の内容を確認することになる。

この局面では、ICT システムの生活情報を確認する各専門職の関心を考慮する必要がある。その内容は次の通りである（詳細は「資料」を参照）。

①各専門職が必要な時に閲覧し確認できる ICT システムであること

②閲覧した生活情報が正確な情報であること

③確認した生活情報が支援に役立つ内容であること

これらは、ICT システムの信頼性に関連する事項である。いくら性能のよい ICT システムを導入していても、閲覧できる生活情報量が限られていると支援に活用できない。

また間違った情報であれば ICT システムを有効に活用できなくなる

からである。有効な多職種連携のためには、特定の ICT システムだけなく、インターネットを通じて多様な情報を確認することも必要である。

2-4　生活情報共有局面

最後に生活情報共有局面である。この局面は、生活情報収集局面と同じく専門多職種同士のつながりが重要であり、情報を共有する役割を担う専門職の力量が大きく影響する。そのため、次のような内容を意識しておくことが必要である（詳細は「資料」を参照）。

①生活情報を何のために使うのか、誰と共有するかという目的が明確であること

②生活情報を共有することは、多職種連携の鍵概念となる IPW で強調されているチームワークやチームの目標、構成メンバーの特性をよく理解していること

③多職種連携として展開するためには、ICT システムで扱っている生活情報だけを共有するだけでは不十分であること

これらは、ICT システムで扱っている生活情報を理解し、多職種連携として展開するための根拠となる事項である。

貴重な生活情報が ICT システムのデータベースにあっても、それを専門職間で共有できなければ、生活情報をもとにしてよりよい支援に活かされない可能性があるためである。4 つの局面は多職種連携を行うための特性が異なる。

第 3 章　ソーシャルワークにおける ICT システム活用過程　　81

3. ICT システム活用過程の展開と情報機器

3-1 過程の循環

　ICT システム活用過程は、多職種連携のためだけでなく地域内における機関や施設の連携を促進する展開としても理解できる。それは地域連携の取り組みにおいて ICT システムが活用されるようになったことと関連があり [17]、「地域連携パス」が急速に普及している [18]。そこで地域において ICT システムをどのように展開させるかが重要であると考える。

　本研究では、ICT システム活用過程の展開を図 3-4 のように整理した。利用者の生活認識に関心を置き、多職種連携としての生活情報収集局面から、生活情報入力局面、さらに生活情報確認局面、生活情報共有局面へと循環する図である。そして生活情報の共有が終われば、再度生活情報収集局面へと循環する。

　このような流れは ICT システムが完璧なものでないことを示している。その情報が正しいかどうかかは、この循環過程を追って吟味する必要がある。また ICT システムを活用することは、多職種連携だけでなく、地域連携や地域包括ケアシステムの構築に向けた基盤づくりとしても有用である [19] といえる。ここでは、その基盤づくりに役立つ ICT システム活用の方法して 4 つの局面を構成と循環の重要性を指摘しておきたい。

図 3-4 利用者支援における ICT 活用過程（循環）

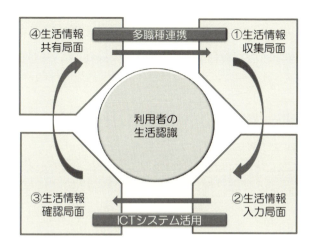

3-2 過程のフィードバック

　ソーシャルワークの展開過程をもとに考えれば、これらは4つの局面が一方向だけに循環しているのではなく、ソーシャルワークの展開過程と同様に、その局面の対応が不十分な場合には、直前の局面へフィードバックすることが考えられる。

　このフィードバックは、さきほどの循環と同じように利用者の生活認識に関心をおき、多職種連携として情報共有が不十分な場合に、生活情報収集局面から生活情報共有局面へフィードバックする。そして専門職同士が何を共有するのかあるいは共有した内容を、利用者支援にどのように活かすかを専門多職種で検討することになる。さらに、この局面で共有が不十分な場合には、生活情報確認局面へとフィードバックし、データベースに入っている共有に必要な情報を確認することになる。また確認が不十分な場合には、生活情報入力局面へフィードバックして、どのような内容を取捨選択して入力したのか、生活情報の内容を調べる

ことになると考えられる。

　加えて、ICTシステムのデータベースに入力している生活情報が不十分な場合には、生活情報収集過程へフィードバックして、生活情報を収集することになる。このように、それぞれの局面において、不十分な状態であれば、今の局面の内容をふまえて、直前の局面にフィードバックする過程があると考えている。

図3-5　ICTを活用した循環とフィードバック

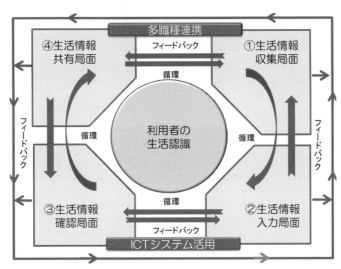

3-3　ICTシステム活用過程における情報機器―支援関係場面―

　次にICTシステムの活用過程における情報機器の具体的な活用場面を検討したい。ここで示す情報機器は、パソコンやスマートフォン、携帯情報端末などICTシステムにつないだり、実践として併用することが可能な情報機器に着目する。したがって、前章で紹介したエコシステム構想の支援ツールの他にこれらの情報機器を含める。

図3-6は、利用者とソーシャルワーカーの支援関係における情報機器の用途を示したものである[20]。前章で述べたように、二者関係では生活課題が解決できそうもなく、ソーシャルワーカー以外の多職種とも連携する必要があるならば、必然的にICTシステムへつなぐ可能性が高くなる。またインターネットを通じてコールセンターへ連絡する場合などはICTシステムに登録しておくと、対応が早いだろう。実際のICTシステムでも、専門職同士の連絡にICTを活用する場合がある。事前にICTシステムに登録しておけば、事業所や施設に帰らずとも利用者の状況をデータで報告できるため、電話をかけるよりも情報量が多く正確な対応が可能になる。

　そしてソーシャルワーカーが情報機器を活用すると、所属機関にあるICTシステムへ利用者のアセスメント情報を送ることができる。また社会資源の情報を確認するために、自分の情報機器とICTシステムをインターネットでつなぐことができる。

図3-6　ICTシステム活用過程における情報機器―支援関係場面―

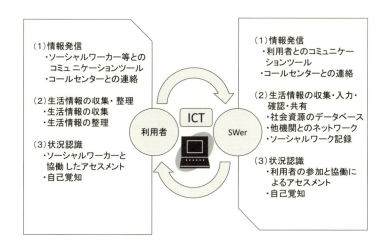

3-4　ICTシステム活用過程における情報機器―広域的な展開―

次に、さきほどの利用者とソーシャルワーカーによる支援関係での用途に加えて、多職種連携の場面やICTシステムとして情報機器を活用する場合を検討したい。その用途を図示したのが図3-7である。

具体的には、ICTシステムを多職種や自治体などにおいて活用する。多職種連携において活用する情報機器の用途は、病院や社会福祉施設などで電子カルテや記録を情報機器で入力したり、ICTシステムに登録している利用者の生活情報や社会資源の情報を閲覧し、内容を確認したりすることに活用する。また自治体や企業などICTシステムの実施主体が、情報機器を活用する場合は、ICTシステム自体を情報機器で管理する場合に活用することになる。

図3-7　ICTシステム活用過程における情報機器―広域的な展開―

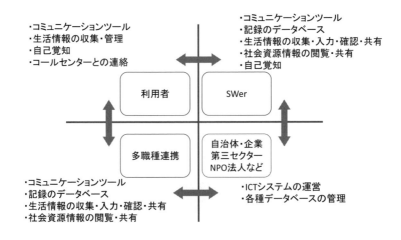

すなわち、ICTシステムは支援ネットワークを活用しているため、情報機器を介して多様なつながりへ展開できる。現在のところ、ソーシャ

ルワークとして ICT システムを活用する場合には、生活情報や社会資源のデータベースへつなぐことが多いが、情報機器の機能をもっと有効に活用した実践を展開する必要があるだろう。例えば、保健・医療・福祉の情報だけでなく、教育や防災など生活に関連する複数の ICT システムへ情報機器からつなぎ、利用者の統合的な生活支援を展開することもできるだろう。また、ソーシャルワークの方法レパートリーに応じて、適切な ICT システムを選択して活用することも期待できる。

4.　ICT システムを活用した支援展開

4-1　支援困難への ICT システム活用

これまでの ICT システムの検討をふまえて、本研究でとり上げている支援困難を解決する支援展開を考察してみたい。ICT システムで対応できる支援困難のシステム別に検討し、表 3-1 のように整理した。この表で留意すべき点は、システムが大きくなるにつれて、生活に関する課題の境界が不明瞭になる危険を孕んでいることである。

ミクロシステムでは、利用者とソーシャルワーカーの困り感を確認して、支援困難の内容や要因を検討することになる。その際、一部のわからない生活情報を ICT システムで確認することになる。これはアセスメントをとおして、利用者やソーシャルワーカーがすでに認識している内容に加えて、支援困難に影響する生活情報がないかを確認することである。

そしてメゾシステム、エクソシステム、マクロシステムという生活のシステムが大きくなるにつれて、関係性が複雑になったり、多様なネットワークが存在するため、情報量も増えてくるため、誰が収集した情報なのかを留意しながら、支援困難に影響する生活全般の総合的な情報が

確認できるような ICT システムを活用することが重要である。

すなわち、第 1 章で整理したように、支援困難に影響する個人的要素、社会的要素、地理的要素がどのシステムにあるかを ICT システムに登録している生活情報をもとに検討することになるだろう。

表3-1　支援困難への ICT システム活用

	支援困難の要素 （個人要素・環境要素・接触要素）	ICT システムでできること
ミクロシステム	「困り感」に影響する要素	「困り感」に影響する個別な情報の把握
メゾシステム	多職種連携で把握できる要素	支援困難状況の把握
エクソシステム	直接的に把握できない要素	複数の支援システムの把握
マクロシステム	地域生活の構造に影響する要素	総合的な支援システムの情報管理・統合

4-2　ソーシャルワークによる ICT システム活用

システム別に ICT システムとソーシャルワークの機能を比較することができると考えられる。

ミクロシステムでは、利用者とソーシャルワーカーという二者関係として、アセスメント情報を、生活情報を収集・入力・確認・共有しながらソーシャルワークを展開する。ここでは、面接などを通じた ICT システムの活用になる。必要があれば、利用者の了承を得た後、他の専門職との仲介を行う。

またメゾシステムでは、利用者とソーシャルワーカーに加えて、多職種連携として ICT システムを活用するが、その生活情報をふまえて、

社会福祉サービスが利用できないか交渉したり、利用者と専門職間の仲介を行う。必要があれば、多職種連携への連絡も行う。ここで重要なことがある。それは個人情報の扱いを取り決めるだけでなく、データベースに入っている情報を誰が閲覧できるのか、管理は誰が行うのかという管理責任が伴うことである。

　エクソシステムでは、緊急時だけ関わる消防署や警察署などの情報が加わる。この際には、個人情報の取扱いについて、利用者の了承をとることはもちろん、ICT システムで管理している情報がどのような意味をもつ情報なのかを、事前に、消防署や警察署などに連絡しておく必要がある。

　最後に、マクロシステムでは、個人情報よりは、地域にある社会資源や行事に関する広報や交通情報など、地域住民が生活を送るために必要な情報を、メールやインターネット、有線放送などを通じて、行政やサービス供給機関から地域住民に伝達するために ICT システムを活用する。また地域状況を確認するために調査を実施することもある。

表 3-2　ソーシャルワークで用いる ICT システムの特性（利用者）

	ICT システムの生活情報	ソーシャルワークの機能
ミクロシステム	利用者の生活情報	相談・仲介
メゾシステム	家族の生活情報やサービス情報	相談・交渉・仲介・連絡
エクソシステム	他の住民や他機関・施設の情報	交渉・仲介・連絡
マクロシステム	地域にある社会資源情報の広報・管理	連絡・調査・管理

4-3　ソーシャルワークによるICTシステム活用の展開

これまでの検討をふまえて、ソーシャルワークとして利用者支援を行う過程で、支援困難を解決する流れを整理した。それを図示したのが図3-8である。

この図は、ソーシャルワーカーが抱える支援困難を示す「停滞状態」から「進展状態」に変化する流れを示している。そして支援困難を整理し、利用者の生活を認識して生活課題を解決する過程を提示している。特にソーシャルワークとして取り組むためには、利用者の生活コスモスを理解しようとする試みが必要であると考えている。

図3-8　ソーシャルワークによるICTシステム活用の展開

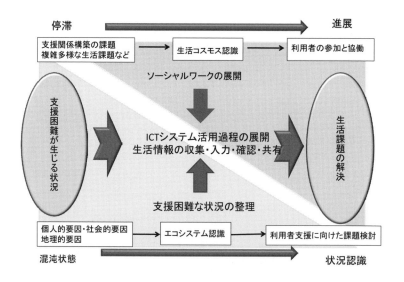

さらに、ソーシャルワークにおいて利用者の参加と協働を促進させるための枠組みであるとも考えている。この点でいえば、ソーシャル

ワーカーによる ICT システム活用過程の活用方法は、安井が提示している支援技術のとらえ方が有用であると考えられる。それは次の 3 点である[21]。

①支援者が自らの理解を利用者が利用できるかたちで提供すること
②それに応答するかたちで利用者が生きる現実や環境を問い返していくこと
③利用者の実感にニッチを創造していくために協働すること

　これらの点を考慮し、ICT システムを活用すれば、利用者の参加と協働につながり、ソーシャルワークとして支援の展開が可能となり、ソーシャルワーカーの支援困難が解決されると考えることができる。

4-4　支援困難を解決する ICT システム活用過程の意義

　そこで、支援困難の解決に向けた ICT システム活用過程の意義について、以下のようにまとめておきたい。

① ICT システム活用過程は、多職種連携を促進させる過程であること
② ICT システム活用過程は、利用者の生活認識にもとづいて展開すること
③ ICT システム活用過程は 4 つの局面から構成されており、それぞれの局面の循環とフィードバックにより、生活支援に役立つ多職種連携が展開できること
④ ICT システム活用過程の 4 つの局面を展開することにより、支援困難の状況を整理できる可能性があること

　多職種連携の展開方法や ICT システムの適切な活用方法は、社会にまだ定着していないと考えられる。多様化・複合化する利用者の生活課題に対して、どのように関わっていけばよいのだろうか。現代社会の生活課題を、単一職種だけで対応して解決することは限られている。特

第 3 章　ソーシャルワークにおける ICT システム活用過程　　91

に、支援困難が生じている場合に解決方法を提示する必要があり、本章ではそれにチャレンジしたところである。

　次章では、第1章から第3章まで検討してきた内容について、事例をもとに検証していくことにする。

注
1）「はじめに」で示した総務省、厚生労働省、文部科学省のICTシステムでは、単一の職種だけが活用することは想定していないように思われる。
2）多職種連携では、専門領域が異なれば扱う情報のとらえ方も異なるため、カンファレンスを実施したり、記録を共有化することが重要である（鷹野和美『チームケア論―医療と福祉の統合サービスを目指して―』ぱる出版　2008年 34-35頁）。
3）同書 86頁。
4）専門職連携教育（IPE：Inter-Professional Education）の取り組みがある。筆者たちは英国とわが国のIPEに関する取り組みをまとめた（宮武陽子・西内章・山中福子・廣内智子「平成22年度高知女子大学IPEプロジェクト委員会活動報告書」『学長裁量経費特別調査研究プロジェクト報告書―健康長寿と人間尊厳のまちづくり・高知―』高知女子大学　2010年 127-165頁）。
5）金田一京助・山田忠雄・柴田武・酒井憲二・倉持保男・山田明雄『新明解国語辞典　第五版』三省堂　2003年 677頁。
6）同書 677-678頁の内容を筆者が要約して本文で説明している。
7）岡田正・高橋三吉・藤原正敏編『ネットワーク社会における情報の活用と技術　三訂版』実教出版　2010年 2-3頁。
8）同書 3頁。
9）同書 20-61頁。
10）同書 20-32頁。
11）同書 33-47頁。
12）同書 48-61頁。
13）「第2章3. ICTシステムの現状と活用課題」で説明したICTシステムの取り組み例をもとに内容を整理し直している。
14）これも「第2章3. ICTシステムの現状と活用課題」で説明したICTシステムの取り組み例をもとに述べている。情報を整理・加工し直すというよりも、ICTシステムに設定された項目にしたがって、情報を入力することが多いと考えられる。

15）中村佐織『ソーシャルワーク・アセスメント―コンピュータ教育支援ツールの研究―』相川書房 2002 年 93-122 頁。

16）同書 99 頁。

17）「はじめに」で示した総務省の ICT システムの取り組み例のなかにも、地域のかかりつけ医、訪問看護ステーション、病院などをつなぐ ICT システムを導入して、地域連携を向上させた例がある。

18）これも 17）と同様に、総務省の ICT システムの取り組み例のなかにも、取り組み例がある。

19）実際に ICT システムを操作するのは、専門多職種であるが、ICT システム自体は、地域にある保健・医療・福祉機関などをつないでおり、地域連携や地域包括ケアシステムを構築するための基盤として機能を発揮することが期待できる。

20）前章で紹介したヒル（Hill, A.）とシャウ（Shaw, I.）の文献から支援関係で活用すると考えられるものを筆者が選出し、第 1 章から第 3 章までの考察をふまえて図示したものである（Hill, A. and Shaw, I., *Social Work and ICT*, Sage Publications, 2011, pp.20-126.）。

21）安井理夫『実存的・科学的ソーシャルワーク―エコシステム構想にもとづく支援技術―』明石書店 2009 年 146-148 頁で説明されている「支援技術」のうち、フィードバックの技術に該当するこの 3 つが有用であると考えている。

第4章

事例検証と考察

1. 調査目的・調査方法・倫理的
配慮の方法

調査目的・調査方法

　前章までの内容をふまえて、事例調査を実施し、その検証・考察を行った。まず、事例検証の目的は、以下のとおりである。

　①事例をとおして、支援困難の具体的な内容を明らかにする

　②支援困難に対して、多職種連携の具体的な内容を明らかにする

　③支援困難に対して、ICT システムがどのように関わっているかを明らかにする

　④上記①②③をふまえて、利用者とソーシャルワーカーが、利用者の生活コスモスをどのように認識しているかを明らかにし、ICT システムを活用したソーシャルワークを検討する

　これらの目的を達成するために、用いた調査方法は以下のとおりである。

　①支援困難が生じている事例に関わっているソーシャルワーカーに事

例を提供してもらい、その事例を分析する

②支援困難が生じている事例に対する多職種連携の内容を分析する

③支援困難が生じている事例に対するICTの活用内容を分析する

④①②③をふまえて、利用者とソーシャルワーカーに、利用者の生活コスモスの観点から事例をふりかえってもらい、ICTシステムを活用したソーシャルワークの内容を分析する

その構成は、図4-1のとおりである。事例検証は、検証テーマを設定して2010年12月14日から2013年9月27日までの間に4段階で実施した。

表4-1　本研究の概念関係—「図1-8」の一部を再掲—

	価値要素	知識要素	方策要素	方法要素
支援活動の視座	支援困難 (SWerの困り感)	IPWの理解	客観的現実	多職種連携の展開
利用者理解の視座	主体性	生活支援過程	ICTの活用	ICTの活用方法

まず第1段階では、筆者らが行った支援困難に対するアンケート調査結果をもとにして、病院、グループホームなどでソーシャルワーカーが「困り感のある事例」を選出し支援困難について検証・考察した。

第2段階では、筆者らが行った多職種へのアンケート調査結果と、第1段階の結果をふまえて地域包括支援センターの事例を選出し、困り感に対する多職種連携について、事例を選出し検証・考察した。

第3段階は、ICTシステムを導入している地域包括支援センターの事例を対象にして、多職種連携が困り感の解決にどのように影響するかを検証・考察した。

最後に第4段階では、第1〜3段階をふまえてICTシステムを導入している地域包括支援センターの事例を対象にして利用者と社会福祉

士、保健師それぞれの立場から検証・考察した。

図 4-1　事例検証・考察の構成

第1段階の事例検証　－4事例（事例1～4）－

〈ソーシャルワーカー・支援困難〉
・ソーシャルワーカーが困り感をもちながら、支援を行っている事例の検証
　※ソーシャルワーカーによる生活認識の検証

第2段階の事例検証　－4事例（事例5～8）－

〈ソーシャルワーカー・支援困難・多職種連携〉
・ソーシャルワーカーが困り感をもちながら、多職種連携を行っている事例の検証
　※ソーシャルワーカーによる生活認識の検証

第3段階の事例検証　－4事例（事例9～12）－

〈ソーシャルワーカー・支援困難・多職種連携・ICTシステム〉
・ソーシャルワーカーが困り感をもちながら、ICTシステムを活用し多職種連携を
　行っている事例の検証
　※ソーシャルワーカーによる生活認識の検証

第4段階の事例検証　－4事例（事例13～16）－

〈利用者・ソーシャルワーカー・支援困難・多職種連携・ICTシステム〉
・ソーシャルワーカーが困り感をもちながら、ICTシステムを活用し多職種連携を
　行っている事例の検証
　※利用者とソーシャルワーカーによる生活認識の検証

倫理的配慮の方法

事前に調査協力者に説明し承諾を得た上で調査を実施した。

・説明と同意の方法

①調査協力者は本調査研究への協力を拒否できる権利を有しており、協力に同意されたとしても随時これを撤回できることを確認した

②調査に同意しない場合であっても、調査者は、調査協力者が不利益を受けないように配慮した

③研究成果を公表する際には、事前に調査協力者（必要があれば事例登場者も）から、該当箇所を確認してもらい、公表について同意

を得た

・プライバシーの保護と管理

①データや資料は、研究者のみが管理できる場所（自宅および研究室の鍵がかかる書庫など）に保管した

②データについては、個人が特定できないように、匿名化・記号化した

　※研究成果の公表に際しても、調査協力者および事例登場者（事例に登場する地域住民）が特定されないようにした

③データ処理は、筆者が所有しているパソコンを使用し、常にウィルス対策およびセキュリティ対策を施した

　※また、データを保存する場合には、筆者だけが使用・保管する個人用のノートパソコンおよび USB メモリーなどの記憶媒体に限定した

④加筆・修正した段階で、個人情報の扱いについて、調査協力者に確認してもらい承諾を得た

⑤データは、研究終了後 5 年間保管し、記憶媒体に入れた個人が特定される可能性があるものについては削除し、同じく個人が特定されるような資料や印刷物については、シュレッダーにかけること

　※得られたデータは厳重に管理し、教育・研究以外の目的に使用しない

なお「はじめに」でも述べたが、本研究に際しては、あらかじめ、高知女子大学社会福祉研究個人情報保護・倫理審査委員会（受付番号 182 号　2010 年 7 月 26 日付）および高知県立大学社会福祉研究個人情報保護・倫理審査委員会（受付番号 255 号　2012 年 7 月 23 日付）にはかり、承認を得た上で研究を行っている。

2. 事例検証

(1) 第1段階—支援困難—

　まず第1段階では、ソーシャルワーカーが直面している支援困難の状況を理解するために、「利用者の生活認識」に着目して、特にソーシャルワーカーの困り感に着目して4事例について検証・考察を行った。調査協力者は、社会福祉士養成あるいは精神保健福祉士養成の大学を卒業した職員であり、ソーシャルワークについて基礎的な価値観や知識、技術を身につけている。なお、第2段階以降の事例検証と比較を行うため、地域包括支援センターの社会福祉士以外の職員を対象とした。

表 4-2　第 1 段階の事例検証　※濃い網かけの部分

	価値要素	知識要素	方策要素	方法要素
支援活動 の視座	支援困難 (SWer の困り感)	IPW の理解	客観的現実	多職種連携 の展開
利用者理解 の視座	主体性	生活支援過程	ICT の活用	ICT の活用 方法

表 4-3　第 1 段階の事例検証で用いた事例の概要

事　例	事例の概要
事例 1	認知症高齢者のグループホームの事例である。利用者 A さんは 80 歳代である。これ以上薬を増やせないと考える職員が、対応を考えあぐねている状態である
事例 2	精神障害者のグループホームにおいて精神保健福祉士が関わる事例である。B さん（60 歳代）は幻聴があり大変そうにみえる。本人の理解や他の職員との連携などに苦慮している。
事例 3	精神科病院の精神保健福祉士が関わる事例である。患者の C さん（60 歳代）は、家族と病院間の意見の相違やトラブルがある。地域の社会資源を活用した受け皿の少ないことなどにより支援に苦慮している。
事例 4	医療ソーシャルワーカーが関わる事例である。D さん（60 歳代）と妻の不安が強いため、今後の生活に意識がいかず、医療スタッフが苦慮している。

アンケート調査による支援困難の内容

　まず、この第 1 段階の事例検証にあたって、前提となったのは保健・医療・福祉職に対して筆者らが行った支援困難への認識に関する調査である[1]。このアンケート調査により、支援困難の内容と実態が明らかになった。その結果、利用者本人だけでなく、家族が別の問題を抱えている場合や、介護問題以外にも経済的な問題や住居問題など、幅広い支援を必要としている場合に、支援者が「支援困難な状況であると認識している」ことが明らかになった。また、この調査で興味深い結果があった。それは、「これまで参加した研究のテーマ」と「今後、参加したいと望む研修テーマ」の結果である。具体的な回答として、他の専門職理解、多職種連携など支援困難を解決するために必要な研修テーマが、両方の回答にみられたことである。これは、今まで研修を受けたことがあ

第 4 章　事例検証と考察　　99

るにも関わらず、さらに同じ研修を受けたいと望んでいることを示している。つまり研修があまり役に立っていなかった可能性が示唆される。そこで、次項において支援困難のとらえ方について検討する。

図 4-2　支援困難な状況にある利用者をとりまく問題（複数回答）

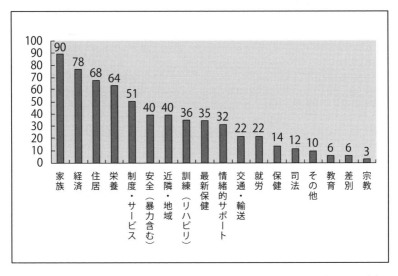

（西内・西梅・鈴木・住友　2009 年）

事例1の状況

まず事例1は、認知症高齢者のグループホームの事例である。利用者Aさんは、80歳代の男性であり、グループホーム内では、常に1人で過ごしている。日中、職員のそばにいると落ち着いている。この事例では、利用者が認知症のためか、混乱不穏になると、立腹・多動になる。これ以上薬を増やせないと考える職員が、対応を考えあぐねている状態である。この事例では、グループホーム職員（社会福祉士養成の大学卒・ソーシャルワーカーの視点をもっている）の認識を確認した。具体的な認識は次のような結果であった。

表4-4　事例1の困り感と生活認識　※インタビューとシートの内容である。

グループホーム職員の困り感	利用者の生活への グループホーム職員の認識
・認知症のためか混乱不穏になると立腹・多動になる。 ・これ以上薬は増やせず、グループ職員達が対応に困っている。 ・家族が帰った後、本人が混乱する。 ・訳がわからず利用者とけんかになる。	・認知症があるためか、脈略のなさそうな話や行動に隠れていることがありそうだ。 ・本人はいろいろなことに関心がある。 ・外出は、主に散歩とドライブの時だけである。 ・楽しく生活できるように支援したい。

第4章　事例検証と考察　　101

表4-5 事例1 グループホーム職員によるふりかえり

グループホーム職員の立場・価値観

・いつもつきっきりだが、本人のことを十分理解できていない。

・介護支援専門員と相談して楽しい暮らしができるよう配慮したい。

・一見、脈絡のなさそうな話や行動に隠されたものを理解したい。

支援への気づき

・本人へ介護支援専門員、他の職員から利用者の生活情報をもっと尋ね情報収集する。

・本人から趣味など、個人的な情報をもっと収集する。

・近所の人に、本人の生活について、もっと情報を収集する。

・認知症による行動は防ぎようがないため、起きた後ケアしていくしかないと思った。

グループホーム職員の自己覚知

・状況を整理すると、利用者のことをわかったように思う。

・本人の気持ちになって考えていないと痛感した。

・常に職員や他施設の職員とも研修会や勉強会を行い、力量を高める必要がある。

・他の職員も一生懸命関わっており、交代で関わるなど職員の負担も減らしたい。

事例 2 の状況

事例 2 は、精神障害者のグループホームにおいて精神保健福祉士が関わる事例である。患者の B さんは 60 歳代で入退院を繰り返しているため、家族ともほとんど関わりがない状態である。幻聴により、本人が大変そうにみえる。精神保健福祉士としてどのように理解し、苦痛のない安定した生活を送れるのか、本人の理解や他の職員との連携、精神保健福祉士としての関わりなどに苦慮している。

表 4-6　事例 2 の困り感と生活認識　※インタビューとシートの内容である。

精神保健福祉士の困り感	利用者の生活への精神保健福祉士の認識
・精神保健福祉士としてできることはしているつもりだが、本人の期待に添う支援ができていない。 ・本人の現状を考えると、一人暮らしではなく、施設入所を考えていくことがよいと考えており、将来の生活場所について話が進まない。 ・今後のどのような支援を行えばよいか考えている。	・本人と精神保健福祉士の間で、本人ができることに対する認識にズレがある。 ・本人の自己肯定感は高い。 ・入退院をくり返している。 ・本人に幻聴があるが、幻聴に対する自覚がない。 ・家族より仲間や職員を頼っている。 ・家族とはあまり会っていない。 ・本人から、通院先の医師やグループホーム職員に相談することができる。

表 4-7　事例 2　精神保健福祉士によるふりかえり

精神保健福祉士の立場・価値観

・精神保健福祉士としてどのように理解し、苦痛のない安定した生活を送れるのかを考えているが、具体的な関わりがわからない。本人の状況をふまえて、職員とどのように連携するかにも苦慮している。
・本人に安心した生活を送ってほしいと考えている。
・病院との連携はできていると思っている。

支援への気づき

・自分と関係ある人とのつながりを意識している。
・今まで関わっていない人と積極的に交流するなど、人間関係を広げるのがよいかもしれない
・家族が関わっていないこともあり、生活基盤についてわからないこともある。さらに情報収集する必要がある。
・本人のできること、できそうなことを一つずつ一緒に確認していくことがよかったかもしれない。
・通院先の医師や他機関の職員から情報収集を行い、状況のとらえ方を考えてみたい。

精神保健福祉士の自己覚知

・利用者の生活全体について、本人と支援者の認識のズレがある。
・本人のためにできることを考えた結果、施設入所が一番いいと考えたが、できる可能性を探る必要があったかもしれない。

事例 3 の状況

事例 3 は、精神科病院の精神保健福祉士が関わる事例である。患者の
C さん（60 歳代）は、10 年以上精神科病院に入院している。この事例で
は、精神保健福祉士が家族と病院間の意見の相違やトラブル、地域の社
会資源を活用した受け皿の少なさを実感している点である。加えて、他
の病院との連携に苦慮している。

表 4-8　事例 3 の困り感と生活認識　※インタビューとシートの内容である。

精神保健福祉士の困り感	利用者の生活への精神保健福祉士の認識
・家族と病院間の意見の相違があり、トラブルになっている。 ・転院先や生活を支える地域の社会資源が少なく退院・転院計画がたてられない。	・生計・住居に関しては、兄の支援もあり問題ない。 ・健康については、少し不安感があり頻繁に救急を利用している。

表 4-9　事例 3　精神保健福祉士によるふりかえり

精神保健福祉士の立場・価値観

・精神科病院の精神保健福祉士が家族と病院間の意見の相違やトラブル、地域の社会資源を活用した受け皿の少なさを実感している。

支援への気づき

・本人は兄だけを家族だと思っているが、兄と兄の妻で家族に対する認識が違う。

・本人、兄、支援センターから利用者の情報・生活歴、サービスの利用状況、病院での出来事、入院前の状況、今後の生活など幅広く情報収集していると思う。

・精神保健福祉士の役割を理解していないと思う。C さん自身の「できる」という思いと客観的な「できる」に相違がある。

精神保健福祉士の自己覚知

・受け入れ先となる病院の情報収集をどこまでやるのかを考えている。

・電話だけでは情報がうまく伝わらないことがあるため、遠方の病院との信頼関係を築く方法を考えたい。

事例 4 の状況

事例 4 は、医療ソーシャルワーカーが関わる事例である。患者の D さんは 60 歳代である。妻は D さんが回復することに強い期待をもっている。この事例では、医療ソーシャルワーカーを含めた医療スタッフが、D さんと妻の不安（転倒の原因）をとりのぞくことが難しいと感じている。不安が強いため、今後の生活に意識がいかない。

表 4-10　事例 4 の困り感と生活認識 ※インタビューとシートの内容である。

医療ソーシャルワーカーの困り感	「利用者の生活」への医療ソーシャルワーカーの認識
・医師や看護師からは転退院を言われているが、原因をはっきりさせてほしい、こんな状況では帰れないという思いが強く転退院に気持ちが向かない。 ・ずっと入院しているわけにもいかないが病気の原因がわからない間はこれからの生活には気持ちが向かない。	・地域の状況はわからない。近所の人はお見舞いに来ているので関係はよさそうである。

第 4 章　事例検証と考察　　107

表4-11　事例4　医療ソーシャルワーカーのふりかえり

医療ソーシャルワーカーの立場・価値観

・医療ソーシャルワーカーを含めた医療スタッフが、Dさんの思い
　妻の不安（転倒の原因）をとりのぞくことが難しいと感じてい
　る。また、不安が強いため、これからの生活に意識がいかない。

支援への気づき

・妻の不安が強いが、Dさんの思いを理解したいということがわ
　かった。

・ふりかえってみると、家族の協力は得られそうだと気づいた。

・家族もおり、関係も良好であるが、それでも基盤が弱いのかもし
　れない。

医療ソーシャルワーカーの自己覚知

・医師、看護師、Dさん、妻の思いをどのようにくみ取るかが、私
　の課題である。

・本人は夫を信頼しており、夫の協力も得られそう。夫にも働きか
　けていきたい。

・病状に対する不安が大きいので必要に応じて、医師と一緒に話を
　してみたい。

事例1～4にみられた「困り感」、「支援困難」

　これらの4事例は、ソーシャルワーカーが困っている事例を選出して
もらったが、内容をみると、どの現場でもよくみられる状況ではないだ
ろうか。しかしながら、事例に共通しているのは、自分だけでは解決策
がみつかっていないということである。単に「これらのソーシャルワー
カーの力量がない」と結論づけるのではなく、上司や先輩からスーパー

ビジョンを受けたり、他職種と連携するなどして、自分とは違う他者による関わりにより問題の解決策がみつかる可能性がある事例であった。

　また、ソーシャルワーカーに困り感があっても、利用者、他職種に困り感がない、資源がないなど、共通点がみられた。これは、事前のアンケート調査でもみられた点である。さらに、自分では、利用者の立場や価値観を理解していると思っていても、全体を整理してみると、「いつの間にか支援者側の立場や価値観で物事を考えている」という状況もあった。すなわち、支援者の立場や価値観が困り感や、困り感がより支援に影響した状態である「支援困難」に影響を与えると考えられる。

(2) 第2段階—支援困難・多職種連携—

　第2段階では、ソーシャルワーカーが直面している支援困難を解決するために「多職種連携」に着目した。ソーシャルワーカーが困っている事例のうち、多職種連携が行われている4事例について検証・考察を行った。また第3、4段階のICTシステムの検証をみすえて、地域包括支援センターにおける多職種連携を検証・考察する。

表4-12　第2段階の事例検証　※濃い網かけの部分

	価値要素	知識要素	方策要素	方法要素
支援活動の視座	支援困難（SWerの困り感）	IPWの理解	客観的現実	多職種連携の展開
利用者理解の視座	主体性	生活支援過程	ICTの活用	ICTの活用方法

表 4-13　第 2 段階の事例検証で用いた事例の概要

事例	事例の概要
事例 5	地域包括支援センターの社会福祉士が関わる事例である。本人と孫の意見の相違をどのようにまとめて多職種連携を行い、状況を改善できるかを悩んでいる状態である。
事例 6	事例 5 とは別の地域包括支援センターの社会福祉士が関わる事例である。利用者 F さん（70 歳代）は、人当たりはよく、明るい性格であるが特定人物との交流を拒む。介護支援専門員や医師との連携方法を模索している事例である。
事例 7	事例 5、6 とは別の地域包括支援センターの社会福祉士が関わる事例である。近所の支援が受けられる状況だと思っていたが、本人が近所の人に命令したり、お金を借りていたことがわかった。その状況がなかなかわからなかった。
事例 8	地域包括支援センターの社会福祉士が関わる事例である。一人暮らしの H さん（80 歳代）は、認知症を患っており、日常生活自立支援事業を週 2 回利用している。具体的な支援方法が見えない。

アンケート調査による多職種連携の内容

　この第 2 段階の事例検証にあたって、前提となったのは保健・医療・福祉職に対して筆者らが行った多職種連携への認識に関する調査である[2]。このアンケート調査により多職種の連携に対する認識が明らかになった。

表 4-14 連携に必要な環境条件

N = 294	平均値
必要な教育が不足している	2.61
システム（施策・協定・規約など）の整備が不足している	2.76
連携・協働するための時間が不足している	3.04
人材が不足している	2.83
必要な教育が不足している	2.98
活動するための資金が不足している	2.48
チームメンバーが働きやすい雰囲気である	2.27

（西内・山中・廣内・宮武 2001）

表 4-15 連携に必要な条件

①チームが十分に機能を発揮するための人的、物的資源に関するもの（人材、時間、連携の場）
②専門職個々の能力・資源・姿勢などの専門職性に関するもの（実践力、コミュニケーション力、知識、技術、協働・連携の姿勢）
③メンバーの相互理解や対等な関係、リーダーの存在などのチームとして機能するためのもの（メンバー相互の信頼関係やチーム・リーダーの資質）
④チーム活動を支える組織のあり様・文化に関するもの（組織や管理者の理解・組織内の位置づけ）

（西内・山中・廣内・宮武 2001）

第2段階の事例

第2段階において事例検証を行った事例5〜8はいずれも地域包括支援センターの事例である。調査に協力してもらったのは、社会福祉士養成の大学を卒業した社会福祉士であり、ソーシャルワークークについて基礎的な価値観や知識、技術について理解がある。

事例5の状況

事例5は、地域包括支援センターの社会福祉士が関わる事例である。腎機能低下がある利用者Eさん（80歳代）は、服薬や食事の管理ができない状態にある。孫は、「毎日型のサービスを希望し、週2回の訪問介護利用では意味がない」と言っている。現在、「入院中であるが、本人は暖かくなれば家に帰りたい」と言っている。一方、孫は、在宅で生活を支援する意思がない。本来ならば孫でなく、子どもがみるべき立場であるが、当該市町村の外にでているため、子どもの支援は期待できない。さらに年金は少額であり、夫の恩給の使い道を心配している状況である。そのため、社会福祉士は、二人の意見の相違をどのようにまとめて、多職種連携を行い、状況を改善できるかを悩んでいる状態である。

表 4-16　事例 5　社会福祉士のふりかえり

※インタビューとシートの内容である。

多職種連携に対する社会福祉士の立場・価値観

・本人と孫の意見の相違をどのようにまとめ、多職種連携を行い、状況を改善できるか不安である。解決策がみえない。

「利用者の生活」への気づき

・生活基盤に対する見方が、本人と支援者で違う。

・利用者は、たびたび孫が来てくれて、自分のペースで生活できているから困っていることはないと思っている。

・本人は、在宅生活を希望しているが、孫としては、将来、施設で生活してほしいという思いがある。

・本人、孫、行政担当者から、経済的な状況、支払い能力、孫の思い、生活に対する思い、今後のことについて情報収集したい。

・各関係機関（病院が中心）や同僚と、病状や支援内容について話し合いたい。

社会福祉士の自己覚知

・関係機関と情報交換を行うことで、より多くの情報を得ることができる。

・これまでの支援は、何かあった時に対応ができる体制づくりを主眼においていたと思う。

事例 6 の状況

　事例 6 は、別の地域包括支援センターの社会福祉士が関わる事例である。利用者 F さん（70 歳代）は、人当たりがよく、明るい性格であるが特定人物との交流を拒む。一方で家族が協力的な支援を行っている。

第 4 章　事例検証と考察　　113

家族が協力的であるが、思いが強く電話や来所などによる問い合わせが頻繁にある。そのため、家族の意向に添うようにするのに気をとられすぎて、本人への意向をふまえた支援を展開できていないと考えている。

表4-17　事例6　社会福祉士のふりかえり

※インタビューとシートの内容である。

多職種連携に対する社会福祉士の立場・価値観
・家族の意向に添うようにするのに気をとられすぎて、本人への意向をふまえた多職種連携ができていないと考えている。

「利用者の生活」への気づき
・本人が、状況を理解していないように感じる。
・家族や社会福祉士、他の支援者だけのネットワークであることに気がついた。
・主治医意見書、行政担当者の説明、サマリー、認定調査結果から情報を収集する。

社会福祉士の自己覚知
・サービス利用に至らない原因は、社会福祉士の役割が理解されていないことにある。
・ワーカー自身が本人のこだわりの中に巻き込まれ、周りの支援の情報提供ができていなかったと気づいた。

事例7の状況

事例7は、事例5、6とは別の地域包括支援センターの社会福祉士が関わる事例である。利用者Gさんは一人暮らしで、長女とは疎遠であり、内縁の妻は長期療養中である。この事例については、民生委員からの連絡で関わりをもつようになる。民生委員との関わりや近所の人の助

け合いがある地区であり、当初、社会福祉士は、地域のサポートを受けながら、生活ができていると認識していた。ところが、本人が近所の人に命令したり、お金を借りていたことがわかった。その状況がなかなかわからなかったため、社会福祉士が困っている。

表4-18　事例7　社会福祉士のふりかえり

※インタビューとシートの内容である。

多職種連携に対する社会福祉士の立場・価値観

・近所のサポートを期待していたが、本人と近所の関係が良くないことがわかったため、支援計画を再検討しなければならないが、その方向性を見いだせていない。

「利用者の生活」への気づき

・本人が今までの状況と現在の状況が違っていることを理解できにくいと思われる。

・家族から話を聞けていないため、とらえている点に偏りがあるかもしれない。

・本人は自分の状況を理解していると思っているが社会福祉士や近所の認識とは違う。

・民生委員、認定調査員、近所の人、医療ソーシャルワーカーから基本情報、今までの経過、病歴のことを情報収集したい。

社会福祉士の自己覚知

・本人が問題と思っていなくても、まずは、本人が困らないように生活を整えていくことが私の責務だと思う。

・押しつけてしまうと、本人との関係が築けないため、あくまでも本人さんの気づきとそれに対する支援を心がけたい。

事例8の状況

事例8も地域包括支援センターの社会福祉士が関わる事例である。一人暮らしのHさん（80歳代）は、認知症を患っており、日常生活自立支援事業を週2回利用している。Hさんの思いは、施設入所を希望する気持ちと、このまま一人暮らしを続けたい気持ちが共存している。認知症の進行などにより、食事や人との関わりなどが十分でなく、そろそろ一人暮らしが困難な状況にあると認識している。専門職が連携し、常に相談・協議しているものの、具体的な支援方法がみえない状態であることに困っている。

表4-19　事例8　社会福祉士のふりかえり

※インタビューとシートの内容である。

多職種連携に対する社会福祉士の立場・価値観
・Hさんの思いは、施設入所を希望する気持ちと、このまま一人暮らしを続けたい気持ちが共存している。現在は、経過をみながら関わっている状態であるが、専門職が連携しているものの、具体的な支援方法がみえない状態であることに困っている。

「利用者の生活」への気づき
・本人、甥、民生委員、ケースワーカー、介護支援専門員、デイ職員、行政職員（包括　含む）それぞれから情報収集し、生活状況を認識できている。
・近隣情報が少ないが、これ以上はできないと再認識できた。
・活用できるものは、十分活用できていることが実感できた。

社会福祉士の自己覚知
・他機関とも連携ができており、自己評価が低いのかもしれない。
・チームで関わっていることを有効に活用できているのではないか。

事例にみられた「多職種連携」

　地域包括支援センターの4事例においては、多職種連携が通常の業務に組み込まれているため、多職種連携に対する特別な認識はみられなかった。しかしながら、本研究の焦点となっている「支援困難」が生じた場合に対する多職種連携は、正確な情報にもとづくことが前提となる。事例5、6でみられたように、本人や家族の認識を整理し、それにもとづいて多職種連携を展開する場合と、事例7のように、情報そのものが間違っていたり、認識が異なることにより当初想定していた連携形態を組み直す必要に迫られる場合もある。また事例8では、専門職が連携しているものの具体的な支援方法がみつからずに困っていた。

(3) 第3段階—支援困難・多職種連携・ICT システム—

　次に第3段階では、ソーシャルワーカーが困っていると認識している事例のうち、ICT システムを活用しながら、多職種連携を行っている4事例について検証・考察を行った。表4-20のうち濃い網かけ部分の検証である。なお、調査対象者の自治体が導入している ICT システムは以下のとおりである。

① Y 市町村の場合

- ・地域や施設で自分らしい生活を支援するために、インターネットを利用して、「医療介護・福祉に関わる関係者が共有」し利用者を中心にした医療・介護・福祉サービス等を提供する。
- ・記載される内容は、氏名、年齢、性別、住所等の「基本情報」、「医療、介護に関する情報」、「福祉サービスの利用状況」、「本人の望まれること」、「体温、血圧・脈拍等状況」など本人の了解があったものである。
- ・情報を一元管理することができる。またインターネットを通じ

第4章　事例検証と考察　　117

て、サービス提供者間で情報閲覧・更新、情報共有による連携が促進され、「見守り等を含めたサービスの質が向上し、今まで以上に適切なサービス提供」を目指している。

・シミュレーション機能はない。

② Z市町村の場合

・各機関がもっている個別な生活情報を共有し、連携した支援を展開する。

・各専門職相互の情報共有と迅速な情報更新の仕組みが実現している。

・ICTシステムによる見守りネットワークが構築されている。

・ICTを用いて地震などの生活に関する様々な情報を利用者に提供するシステムがある。

・シミュレーション機能はない。

表4-20 第3段階の事例検証 ※濃い網かけの部分

	価値要素	知識要素	方策要素	方法要素
支援活動の視座	支援困難 (SWerの困り感)	IPWの理解	客観的現実	多職種連携の展開
利用者理解の視座	主体性	生活支援過程	ICTの活用	ICTの活用方法

表 4-21　第 3 段階の事例検証で用いた事例の概要

事　例	事例の概要
事例 9	Y 市町村在住。地域包括支援センターの社会福祉士が関わる事例である。夫が施設に入所したため、現在、一人暮らしを送っている I さん（80 歳代）は、認知症を患っている。ICT システムに登録している。現状の公的サービスでできることは限られている。
事例 10	Z 市町村在住。地域包括支援センターの社会福祉士が関わる事例である。一人暮らしの J さん（90 歳代）は、認知症を患っており、難聴もある。日常生活の支援や金銭管理は近所に住む弟(80 歳代)が行っている。ICT システムを活用しているが、今後の支援の方向性がみえない。
事例 11	Y 市町村在住。地域包括支援センターの社会福祉士が関わる事例である。在宅酸素療法を行っている K さん（80 歳代）は、訪問介護や訪問看護を利用して生活している。ICT システムを活用し関係者からの情報が把握できているが、運動制限等により下肢の筋力が低下し、少しずつ行動範囲が狭くなっている。
事例 12	Z 市町村在住。地域包括支援センターの社会福祉士が関わる事例である。認知症を患っている L さん（70 歳代）は、妻と娘達と別居している状態である。ICT システムを利用しているため、民生委員、社会福祉協議会からの情報は把握できているが、経過観察・見守りだけでは対応できない状態になってきた。

事例 9 の状況

　事例 9 も同じく地域包括支援センターの社会福祉士が関わる事例である。夫が施設に入所したため、現在、一人暮らしを送っている I さんは、認知症を患っている。介護支援専門員や訪問介護、地域包括支援セ

第 4 章　事例検証と考察　　119

ンターが関わっているが、本人の意思から、介護支援専門員など限られた関係者としか関われていない。介護保険制度の特性から、訪問介護の関わりも限定的になっている。ICT システムに登録しているが、現状の公的サービスでできることは限られており、どのように支援を展開していくか、今後の見通しを検討している状態である。

表4-22　事例9　社会福祉士のふりかえり
※インタビューとシートの内容である。

多職種連携や ICT システムに対する社会福祉士の立場・価値観

・本人の意思から、介護支援専門員など限られた関係者としか関われていない。

・ICT を活用しているが、現状の公的サービスでできることは限られており、どのように支援を展開していくか、今後の見通しを検討している状態である。

多職種連携や ICT システムを活用した「利用者の生活」への気づき

・本人や長男、介護支援専門員の他、ヘルパーからも情報収集している。

・主に生活情報は、介護支援専門員から情報収集をしている。

・ヘルパーができる範囲について、何度説明しても理解されていないので、本人が不満を持っている。

・家族関係の関わりも難しい。

社会福祉士の自己覚知

・介護支援専門員まかせになっており、このケースに対して、どのように対応してよいか、その場その場での対応になっていたように思う。

・社会福祉士としては、介護支援専門員や家族からの相談があった時に対応するので、社会福祉士自身がＩさんを理解できていないかもしれない。

120

事例 10 の状況

事例 10 は、地域包括支援センターの社会福祉士が関わる事例である。一人暮らしのJさん（90歳代）は、認知症を患っており、難聴もある。日常生活の支援や金銭管理は、近所に住む弟（80歳代）が行っている。長男は、県外で生活しており、連絡がとれない。Jさんも弟も長男のことはあまり話したがらない。弟は難聴で理解力も低下してきている。ICTシステムを活用し、民生委員と地域包括支援センターが関わっているが、今後の支援の方向性とキーパーソンがみえない状態であることに困っている。

表 4-23　事例 10　社会福祉士のふりかえり

※インタビューとシートの内容である。

多職種連携や ICT システムに対する社会福祉士の立場・価値観
・ICT システムを活用し、民生委員と地域包括支援センターが関わっているが、支援の方向性とキーパーソンが見えない状態であることに困っている。

多職種連携や ICT システムを活用した「利用者の生活」への気づき
・弟も高齢でしんどくなっており、弟も状況理解がしにくくなっている。キーパーソンであるが、今後を考えると難しい。
・支える人が少なく、ネットワークを組みづらい。
・現状ではサービス利用が少なく、サービス増をしないといけないことを弟に納得してもらうしかない。
・認知症については、民生委員を対象に勉強会を開催するなど方法を学ぶ必要がある。

表 4-23　事例 10　社会福祉士のふりかえり（つづき）

※インタビューとシートの内容である。

社会福祉士の自己覚知
・高齢であり、本人が内容を理解できているかにもっと留意する必要がある。
・努力をして伝えようとしているか。話を聞くだけになっていないか。

事例 11 の状況

　事例 11 も、地域包括支援センターの社会福祉士が関わる事例である。在宅酸素療法を行っている K さん（80 歳代）は、訪問介護や訪問看護を利用して生活している。ICT システムを活用し関係者からの情報が把握できているが、運動制限などにより下肢の筋力が低下し、少しずつ行動範囲が狭くなっている状態である。今後も在宅生活を可能にするため、病気を抱えながらも、利用者の意欲を引き出し、「楽しみのある生活」を実現する支援を探っている。

表4-24　事例11　社会福祉士のふりかえり

※インタビューとシートの内容である。

多職種連携やICTシステムに対する社会福祉士の立場・価値観

- ICTシステムを活用し関係者からの情報が把握できているが、運動制限等により、下肢の筋力が低下し、少しずつ行動範囲が狭くなっている状態であり、本人の意欲をどのように引き出せばよいか迷っている。
- 病気のため、あきらめていることが多いように思う。
- 楽しみへの支援が必要である。誰がどのように行うかを考えたい。
- ICTシステムを高齢者がどれくらい理解できるのか、認知症がない方なのでICTシステムの利用には適格な人だと思う。
- 見守りを兼ねたサービス利用で安否確認ができている。

社会福祉士の自己覚知

- 見守りの重要性がわかるのは、保健・医療・福祉専門職くらいであるので、どのように本人や家族に伝えるかを考える。
- 早期より近隣やボランティアとの関係をつくっておく。

事例12の状況

　事例12も、地域包括支援センターの社会福祉士が関わる事例である。認知症を患っているLさん（70歳代）は、妻と娘たちと別居している状態である。そのため、認知症が進行するにつれ、脱水症状や火の不始末が心配であった。ICTシステムに登録しているため、民生委員、社会福祉協議会からの情報は把握できている。しかし、経過観察・見守りだけでは対応できない状態になってきたため、具体的な支援が必要になっているが、どのように関わるか判断が難しく、困っていた事例である。

第4章　事例検証と考察　　123

表 4-25　事例 12　社会福祉士のふりかえり

※インタビューとシートの内容である。

多職種連携や ICT システムに対する社会福祉士の立場・価値観

・経過観察・見守りだけでは対応できない状態になってきたため、具体的な支援が必要になっているが、どのように関わるか判断が難しく、困っている。

・近所の人の支援が得られなかったこともあり、見守りが地域包括支援センターの職員と民生委員のみである。

・近隣からの苦情もある。

・家族関係については、不確かな情報もあり、過去の情報より、現状の生活をしっかりみていくことが大事だと思う。

・家族にしかできない手続きなどを説明し、理解してもらうこと。

社会福祉士の自己覚知

・社会福祉士ができること、できないことを明確にすること。

・日頃からのやりとりが大事であり、ICT システムに登録した情報のみだと支援に時間がかかる。

事例にみられた「ICT システム」

　地域包括支援センターの 4 事例においては、通常の業務に組み込まれているため、ICT システムに対する特別な認識はみられなかった。しかしながら、ICT システムで何の情報を扱うかという点について、関係者間で共通理解がなされていないように思われる。地域包括支援センターは、ICT システムの特性を理解していたが、そことつながる病院や消防署などの関係機関との共通理解をすすめることが今後の課題となるであろう。

　例えば、4 事例ともに、ICT システムを活用してはいるものの、それ

を有効に活用できていないと社会福祉士が感じている。多職種連携を展開するための前提として活用する場合もあるだろうし、それぞれの専門職が収集した情報を共有するための活用もあると思う。現段階は、各自治体の特性にあった ICT システムの活用方法を模索している段階であるともいえる。

（4）第4段階—利用者・支援困難・多職種連携・ICT システム—

最後に第4段階では、ソーシャルワーカーが直面している支援困難を解決するために「ICT システム」を利用者の生活認識とソーシャルワーカーの生活認識から検証したい。本研究の枠組みで示せばこれらも地域包括支援センターにおける ICT システムの事例をもとに検証する。

表 4-26　第 4 段階の事例検証　※濃い網かけの部分

	価値要素	知識要素	方策要素	方法要素
支援活動の視座	支援困難（SWer の困り感）	IPW の理解	客観的現実	多職種連携の展開
利用者理解の視座	主体性	生活支援過程	ICT の活用	ICT の活用方法

第 4 章　事例検証と考察　　125

表 4-27　第 4 段階の事例検証で用いた事例の概要

事例	事例の概要
事例 13	Z 市町村の独居高齢者（80 歳代）の事例である。緊急通報装置と緊急搬送用の ICT システムに登録している方である。買い物や通院などには誰かの支援が必要である。社会福祉士から助言をするよりも、本人の意向を尊重するような関わり方が必要である。
事例 14	Z 市町村の独居高齢者（90 歳代）の事例である。腰痛と下肢の筋力低下にて杖歩行で、日中も主に屋内で過ごしている。緊急通報装置と配食サービスを利用し、車で 10 分圏内に住む長女が、通院介助、買い物など身の回りの支援を行っている。
事例 15	Z 市町村の独居高齢者（90 歳代）の事例である。3、4 年前に大腿骨を骨折したため歩行に不安がある。日中はほとんど屋内で過ごす。
事例 16	Z 市町村に住む独居高齢者（90 歳代）の事例である。脳血栓と大腿骨骨折により杖歩行である。屋内は伝い歩きである。ホームヘルパーが週 2 回きて、掃除をしている。通所介護と配食サービスを利用している。

事例 13 の状況

　事例 13 は、地域包括支援センターの社会福祉士と保健師が関わる独居高齢者（80 歳代・女性）の事例である。見守り用の ICT システムに登録している。買い物や通院などには誰かの支援が必要である。それ以外の身の回りのことは一通り自分でできている。自分で考え判断することが主のため、社会福祉士から助言をするよりも、本人の意向を尊重するような関わり方が必要な事例である。

表4-28 事例13 利用者自身の生活認識

自分の「生活」

・子どもたちには頼らずに、生活できている。

・妹や知り合いに、いつも買い物、通院時に車を出してもらうのは、頼みづらいこともあるが、みんな気安く言ってくれる人ばかりである。

・週2回配食サービスを利用している。

・一人暮らしを何とか続けていきたいと思っている。

多職種連携やICTシステムを活用している利用者自身の「自分の生活への思い」

・歩行に不安があるので、自分で歩いていくのは家の周りくらいである。

・近所に住む方々と、気をつけあって生活しようと声を掛け合っている。

・買い物や通院以外はできることは自分でやりたい。

・民生委員さんや行政、近所の方に相談することもあるが、できるだけ行政には、頼らずに生活したい。

・ICTシステムは、今のところ利用したことがない。

多職種連携やICTシステムを活用している利用者の「将来の目標や生活像」

・遠方に住む子どもたちが帰ってきても仕事もないし、生活できないので、一人暮らしを続けたい。

・定期的に子どもたちが、帰ってきてくれればそれでよい。

表4-29　事例13　社会福祉士による生活認識

社会福祉士が考える「支援」

・自分でできていることに加えて、さらにプラスアルファを目指す
　とよいと思われる。しかし、それはできていない。

・本人が意思表示できる方なので、本人の希望とする生活を支えて
　いきたい。

・県外に住む子どもたちは心配しており、利用しているサービスと
　地域住民の支え合いを定期的に確認していく必要がある。

・状況が変化した場合に、早期発見できる体制をつくることが重要
　であると思う。

**多職種連携やICTシステムを活用している「利用者の生活」への
気づき**

・高齢であるので、年々生活がしづらくなっている状況である。

・ICTシステムの活用方法を再確認する必要があるかもしれない。

・今後、さらに歳を重ねた際の新たな生活問題に気づけるように支
　援していく。

・地域住民や民生委員、家族等から情報を収集し続けることと、そ
　の情報交換のネットワークを活用する。

社会福祉士の自己覚知

・本人の意向を優先し、家族、支援者でのすり合わせをして、支援
　を行っていく。

※保健師の生活認識

・健康状態が変われば、サービスを改めて考える必要があるが、今
　のところは本人の意向を尊重した関わりを行っている。

事例 14 の状況

　事例 14 である。この事例も地域包括支援センターの社会福祉士と保健師が関わっている独居高齢者（90 歳代・女性）の事例である。腰痛と下肢の筋力低下があり、杖歩行で主に日中も屋内で過ごしている。緊急通報装置と配食サービスを利用し、車で 10 分圏内に住む長女が、通院介助、買い物など身の回りの支援を行っている。

表 4-30　事例 14　利用者自身の生活認識

自分の「生活」
・人に会うことが好きであるが難聴気味のためサロンや自治会などは参加しない。
・高齢になったので、自分の生活に不安がある。
・特に夜は不安である。
・テレビをみるのが日課で、ニュースや野球は欠かさずみている。
・近所に友達が 1 人いる。その人が家に来てくれたら日中話をする。
・日々退屈である。
・段差があるところは用心して歩くように心がけている。

多職種連携や ICT システムを活用している「自分の生活」への思い
・庭の草を引きたい、洗濯物をたたみたいと思うが、体が動かないので、思うようにできないのがもどかしい。
・緊急通報装置は設置をしているが、利用したことがない。
・身の回りのことを全てできるわけではないので誰かに助けてもらいながら生活をしている。
・困った時には、長女たちに相談するようにしている。
・公的なサービスを利用するよりは、知り合いの人に頼みながら生活をしたい。

表 4-30 事例 14 利用者自身の生活認識（つづき）

多職種連携や ICT システムを活用している「自分の生活」への思い
・知り合いも多くは亡くなったり、老人ホームに入っている人が多いので友達が限定される。
・民生委員が配食を持ってきてくれる。

多職種連携や ICT システムを活用している「将来の目標や生活像」
・長女たちが定期的にきてくれるので、何かあればその時に相談している。
・人に会うことが限られているが、それでもそのつき合いを大事にしたい。
・自分で生活できなくなるまでは、今の家で生活を続けたい。
・できるだけ他人に甘えないように心がけているので、このまま元気でいたい。

表 4-31 事例 14 社会福祉士による生活認識

社会福祉士が考える「支援」
・今のところ、周囲の支援で生活が成り立っているが、社会福祉士として、それをどれくらい支えるか考えながら関わっている。
・本人の体調だけでなく家族の介護負担も見極めながら支援をしていく予定である。
・現状は、介護サービスと言うよりは、話し相手や他者と交流をする機会をどのようにつくっていくかを考えている。
・行政の提案をそのまま受け入れるわけではないので、長女の意見も聞きながら支援を行っていきたい。

表 4-31　事例 14　社会福祉士による生活認識（つづき）

多職種連携や ICT システムを活用している「利用者の生活」への気づき

- 自分のことをよく理解できており、無理をしないように心がけているのがわかる。
- 本人の希望と子どもたちの支援が今、バランスのよい状態であると思う。
- 本人がやりたいと思っていることを支える地域の社会資源を探す。
- 長女の相談をいつでも受ける体制をつくりたい。
- 近くに小学校があるので小学生などとの交流ができないか考えている。
- 通院時に会う知り合いとのつながりを大事にした支援もあるかもしれない。

社会福祉士の自己覚知

- 支援する家族も高齢になってくると、周りの支援がいつまでも期待できるわけではない。
- 状況把握の仕方や関わりについて、自治体としての基準づくりが必要である。
- 長女たちの支援が偏ったり、バランスが崩れた時に、新たな支援を検討していく関わりをしたい。

※保健師の認識

- 本人の気持ちを常に傾聴することが大事である。
- 地域に家族以外の地域の多様なサポートがもっとあってもよいかもしれない。

第 4 章　事例検証と考察　　131

事例 15 の状況

事例 15 も、地域包括支援センターの社会福祉士と保健師が関わっている 90 歳代独居高齢者（女性）の事例である。3、4 年前に大腿骨を骨折したため歩行に不安がある。日中はほとんど屋内で過ごす。公的なサービスよりは親戚などの支えで生活をしたいという希望がある。

表4-32　事例15　利用者自身の生活認識

自分の「生活」
・買い物や通院などは親戚に頼むようにしている。
・困ったことがあった時にも親戚に相談するようにしている。
・外出はあまりしない。
・近くに町民体育館と小学校があり、子どもたちの声が聞こえるので寂しくはない。
・家に上がる段差が急になってきた。
・楽しいこともなくなった。
・公的なサービスはできるだけ受けずに生活をしたい。
多職種連携や ICT システムを活用している利用者の「自分の生活への思い」
・近所もほとんどの人が亡くなったので、知り合いが少なくなった。
・いろいろなことがおっくうになり敬老会も行かなくなった。
・これ（緊急通報装置）を設置しているが、利用したことがない。
・1 日のほとんどを家で過ごしている。
・地域包括支援センターの職員が定期的に訪問してくれる。
・話し相手になる人がいなくなったので、誰かにきてほしい。

表 4-32　事例 15　利用者自身の生活認識（つづき）

多職種連携や ICT システムを活用している利用者の「将来の目標や生活像」
・不安もあるが、この家で死ぬまで生活したい。

表 4-33　事例 15　社会福祉士による生活認識

社会福祉士が考える「支援」
・制度の理解はできているが、本人が思うような細かいニーズに合うサービスはない。
・自分の頼りにしているつながりを活かした支援を考えているが、それだけでは不十分だと思っている。
・閉じこもりを防ぐ手立てを考えていく必要がある。

多職種連携や ICT システムを活用している「利用者の生活」への気づき
・生きがい、楽しみが限られている。
・できること、できないこと以外に、本人の希望に合うサービスがないことを伝える説明が必要である。
・情報提供と安否確認は今後も継続していく予定である。

社会福祉士の自己覚知
・本人が、自分で知り合いに頼むなど独自のつながりをつくって、生活を支えているがそれも支援と考える。
・本人にとっては、地域包括支援センターの関わりでなくもいいと思っているのかもしれない。

保健師の生活認識
・本人を直接知らないが、行政で把握している情報では、親族以外に別の関わりを考えていく必要がある。

事例 16 の状況

最後に事例 16 である。この事例も、地域包括支援センターの社会福祉士と保健師が関わっている独居高齢者（90歳代）の事例である。脳血栓と大腿骨骨折により杖歩行である。屋内は伝い歩きである。ホームヘルパーが週2回きて、掃除をしている。通所介護と配食サービスを利用している。

表 4-34　事例 16　利用者自身の生活認識

自分の「生活」
・周りに迷惑をかけないようにと、ベッド上で足を動かす体操したり、意欲的に過ごしている。
・病院で薬やリハビリをやるよりは、テレビをみて自分で体操をする方がよい。
・いつまでこの生活が続くかはわからないが、できるだけ家で生活したい。
・畑もあるし、近所の人が野菜を分けてくれるので、生活が成り立っている。
・配食サービスを利用している。
・ご飯を炊くだけなら今でもできる。

表 4-34 事例 16 利用者自身の生活認識（つづき）

多職種連携や ICT システムを活用している利用者の「自分の生活
への思い」

- ・体が動かないことをなんとしたい、寝たきりにならないようにと
  思い、テレビでみた体操を取り入れ、手や足を動かしている。

- ・庭の掃除や畑もできなくなっているのがもどかしい。隣近所の方
  などに助けてもらってやっと生活できている。

- ・この機械（緊急通報装置）は設置をしているが、利用したことが
  ない。

- ・訪問介護のホームヘルパーに来てもらい、家事を手伝ってもらっ
  ている。

- ・行政職員やホームヘルパーが来たときに、公的サービスの説明を
  してくれるので、制度についてはわかっているつもりである。

- ・介護保険については、テレビでもやっているのでみて知っている。

多職種連携や ICT システムを活用している利用者の「将来の目標
や生活像」

- ・体が元通りになってほしい。

- ・体調は自分ではよくなると思っている。

- ・娘も体調が悪く、30 分かけて通院時には来てくれるが、やっと車
  を運転しているので、迷惑をかけないようにしたい。

- ・自分でなんとかやっていきたい。

第 4 章　事例検証と考察　　135

表4-35　事例 16　社会福祉士による生活認識

社会福祉士が考える「支援」

・転倒の危険が高いので近所の人による安否確認とそれからの対応方法を考えている。

・動けなくなったときの生活の場をどうするかを考えている。

・将来を見越した支援を準備しておく必要がある。

・新聞配達や郵便配達など日常的に訪問する人と関係をつくり、毎日の安否確認ができる体制をつくりたい。

・在宅で生活するリスクと緊急時の対応については、一度説明をして本人がどのようにしたいかを確認しておきたい。

・介護サービスの利用や病院受診を必ず守ってもらえるようにお願いしたい。

・現在は隣町に住む娘が月に数回訪問しているが、娘の体調がよくなく負担が心配である。

多職種連携や ICT システムを活用している「利用者の生活」への気づき

・本人の思いと支援者(社会福祉士や行政職員)の判断に相違がある。

・でも、自分でできているという思いがあるからこそ独居生活が可能になっているとも思える。

・もっと多くのサービスを利用できるが、今のサービスで生活が可能であると思っている。

・本人の意向を大切にしながら生活をする体制をどのようにつくるかを考えている。

社会福祉士の自己覚知

・転倒の危険性が高くなり、独居生活が限界に近づいている。

・本人が安全性よりも自宅で生活することを強く希望している。

・転倒の危機性を理解してもらう必要があるかしれない。

表 4-35　事例 16　社会福祉士による生活認識（つづき）

※保健師の認識
・本人を直接知らないが、行政で把握している情報から考えれば、本人に現状を理解してもらい別の関わりを考えていく必要がある。

利用者と支援者の認識について

第 4 段階では、事例 13 から事例 16 の 4 事例について、利用者の認識と社会福祉士の認識を比較してみたい。4 事例に共通していることは、第 1 章で述べた「利用者の困り感」と「支援者の困り感」が異なる点である。さらに本人の意向と家族の意向も微妙に異なっている点にも留意したい。

そこで地域包括支援センターでは、緊急時対応の ICT システムを用いて、緊急通報装置を設置し、生命のリスクに対応しながら、本人の意向や本人の困り感に寄り添おうとしていた。筋力低下などを防ぐためにより積極的な支援を展開しようとすれば、ボランティアを用いた外出支援を多く取り入れることも可能かもしれない。

しかしながら、それを無理に強制せず、本人の意向を尊重しつつも、筋力低下のリスクを考慮して、高齢者に寄り添った対話を心掛けていた姿が印象的であった。文章で説明すると、難しさを感じないかもしれないが、社会福祉士が「支援者の困り感」のみでアプローチせず、「利用者の困り感」に寄り添いながら、支援者がとらえた困り感と向き合うことの重要性を確認した。

第 4 章　事例検証と考察　　137

Y、Z市町村にある地域包括支援センターの社会福祉士へのインタビュー調査

ICTを活用しているY、Z市町村にある地域包括支援センターの社会福祉士に、①支援困難、②多職種連携、③ICTシステム、④ICTシステムによる利用者と専門職の生活のとらえ方についてインタビュー調査を実施した。ここでは、その社会福祉士の意見を紹介しながらまとめたい。なお、項目に対応するデータには下線を引いている。

①支援困難について

社会福祉士の立場・価値観に関連する意見として、【利用者の生活をふまえて、連携チームとしてどのように支援をするかを意識する】、【私的なネットワークも大事したいと考えている】、【将来をみすえて利用者に関わる】、【キーパーソンがいない場合は支援に悩む】、【本人の希望を大事にして在宅の支援体制をつくりたい】、【本人が理解できるように支援することが課題である】があった。

【キーパーソンがいない場合は支援に悩む】

（Y市町村の社会福祉士）

「現状では、利用者さんと家族にトラブルがあるとそこにどこまで介入するか迷います。利用者さんが、他の人に関わってほしくないという思いが強い場合もあります。可能性としては、<u>キーパーソンをみつけていくアプローチを探ろう</u>と思っています。」

（Z市町村の社会福祉士）

「社会福祉士としてというか、支援としては、キーパーソンを考えていくことが大事だと思っています。身の回りのことをしているのは家族や近親者が多いですが、家族や近親者の健康状態も気にしながら様子をみている感じです。だから、<u>誰をキーパーソンと考えていくかを、整理</u>

する必要があるかなあと。」

（Z市町村の社会福祉士）

「家族に誰かキーパーソンとなる人がいない場合は、それを考えていく必要があります。家にいても認知症を患っていたり、県外にいて何年も音信不通になっている人などは、キーパーソンにしてよいか悩みます。在宅でサービスを利用するのであっても、身元引受人が必要な場合などは、手続きができないことがあります。」

【本人が理解できるように支援することが課題である】

（Z市町村の社会福祉士）

「本人さんに困り感がなく、今の生活が当たり前であって、今まで受けていない非日常的なサービスを利用して生活するのは、本人からみると不自然なのでそこへの支援も課題です。」

（Y市町村の社会福祉士）

「利用者の性格を理解しているつもりだが、ソーシャルワーカー（社会福祉士）からみたら、もっと部屋をきれいにしたり、環境を整えたりする方がいいと思います。ただ、利用者さんは、全く気にしていない場合が多いです。」

（Y市町村の社会福祉士）

「すでに、介護保険の話や地域包括支援センターの話をとおしてネットワークづくりが課題です。実際には利用者さんにきちんと話ができる人を探していくしかないが、家族の立場も考えると、説得するという形も難しいとも思います。ただ、家族のとらえ方は、私たち（専門職の）関係者とはとらえ方が違う場合もあるので、その差があるのではないかと思います。」

第4章　事例検証と考察　139

【将来をみすえて利用者に関わる】

（Z市町村の社会福祉士）

「老老介護の状況に対して、周りがどのように関わるか、支援をしている家族も高齢なので、<u>ゆくゆくは、介護サービスの利用を考えなければいけない状況</u>が多いです。」

（Z市町村の社会福祉士）

「お金の出し入れやサービスの決定を誰がしていくのかも考えています。他にも年金など<u>経済的な状況や他の制度の利用について、まわりと相談していくこと</u>を考えています。」

② **多職種連携について**

【利用者の生活をふまえて、連携チームとしてどのように支援をするかを意識する】

（Y市町村の社会福祉士）

「利用者自身の性格や生活を大事にすべきだと思うが、利用者自身が認知症を患っていることもあり、それをふまえて家族との関係への支援や、<u>ヘルパーや最終的にはケアマネを含めてどのように支援するのか</u>ということが重要だと思っています。」

【私的なネットワークも大事したいと考えている】

（Y市町村の社会福祉士）

「（利用者に関わっている専門職だけにしてしまうと）狭くなるので、<u>それ以外の私的なネットワークも大事にすべき</u>と考えています。ただ、私的ネットワークについては、十分なものができていないと思います。」

（Y市町村の社会福祉士）

「利用者さんには、それぞれ何らかのつながり、その人独自のネットワークがあります。<u>そことの関わりや情報収集・情報共有をしていくことが課題</u>だと思います。利用者の思いや希望に添った支援をしてくれな

いと思われているはずです。」

【本人の希望を大事にして在宅の支援体制をつくりたい】
（Z市町村の社会福祉士）

「高齢者の場合、食事の確保を優先する支援も大事です。おいしい食事をとれるような支援を考えていきたいです。配食サービスや訪問介護を利用して人が関わることあとは<u>本人の希望によって在宅でサービスを利用する体制をつくりたいです。</u>」

③ ICTシステム
【ICTシステムを活用できるような人脈をつくる】
（Y市町村の社会福祉士）

「一番は、地域で人脈をつくることが大事だと思います。口コミで情報が広まることが多いので、<u>人脈がすごく大事になっています。</u>ただ、これを行政サービスやICTで活用するとなると、<u>予算的な問題を解決して新たな情報システムを構築する必要があります。</u>しかし、システムを変えるような状況には、なっていないと思っています。」

（Y市町村の社会福祉士）

「地区によって異なるが、<u>物的資源についても、個人商店を活用するとか、隣近所の助け合いなどは、その方々が、これまでに構築してきた経緯をふまえて、それを活かしていける体制を作っています。</u>ただ、社会福祉士だけが頑張っても難しいなあとは思っています。」

【わからない情報をICTシステムで確認でき、それを支援に活かすことができる】
（Z市町村の社会福祉士）

「社会福祉士として、あるいは包括支援センターとして、有効な活用を考えながら日々仕事をしています。ICTシステムを導入した理念は素

第4章　事例検証と考察　　141

晴らしいと思っています。今までは電話で確認していたとか、緊急時などに即座に利用者の情報がわからなかったが、ICTシステムをみるとそれが即座にわかるのが一番の魅力だと思います。」

【ICTシステムの互換性や利便性を改善するとさらに支援が向上する】
（Y市町村の社会福祉士）

「現状では事業所が日々、主に活用する情報システムが違うので、そこにこの事業所間をつなぐICTシステムを新たに組み込むという現状であるため、互換性があるシステムに改良できるのであれば、今後、広まっていくのではないかと思います。逆にいえば、仕事において、ICTシステムの重要性をみいだせるような支援を行っていきたいと思っています。」

（Z市町村の社会福祉士）

「緊急通報装置も、自分でボタンを押すのが難しいと「飾り」になっているケースもあります。そのため関わる多くの人たちで、本人の健康状態を見極める必要があります。ICTを活用することが日常化していないかもしれません。どうしても急ぐときは、紙ベースのものをみることが多くなっています。」

④ ICTシステムによる利用者と専門職の生活のとらえ方
【音信不通の家族などの場合に情報収集をどこまで行うか悩む】
（Z市町村の社会福祉士）

「ICTには、近所に住む近親の連絡先はあるが、例えば、県外に住む音信不通になっている家族の連絡先が登録されていません。入院などの搬送時には、これで十分ですが、今後の生活を決めていくためには、音信不通となっている家族の情報が必要です。音信不通など家族関係が悪いと、情報収集を行う時に聞き取りにくいので限界があります。どこまでの情報を入力するか……。」

（Z 市町村の社会福祉士）

「独居の高齢者の場合だと収集できた内容が、緊急時連絡がつく人が県外の人ばかりだった……ということもあります。」

【ICT を効果的に活用する方法を構築したい】

（Z 市町村の社会福祉士）

「現状の ICT システムはよくできていると思うので、周りの専門職が ICT をどのように使うかでしょうか。連携時の役割分担をどうするか。入力作業時に、気になる人をピックアップしてもらうとか。また、本人が救急車を呼んだが、家族の連絡先が全くわからず困っていたら、このシステムを使って家においている連絡用カードで、連絡先がわかったということもあります。このときは本当に助かりました。」

3. 事例検証のまとめ

第1段階から第4段階の事例検証の結果をまとめると表のようになる。

表4-36 事例検証のまとめ―第1段階の検証― ※支援困難

事 例	支援者の気づき	多職種連携の状況	支援困難への対応
事例1	改めて、本人の立場から考える重要性に気づく。	介護支援専門員、ケアワーカー、グループホーム職員の連携 ※本人・家族、近所からも情報収集を行う。	本人と接する以外に介護支援専門員や他の職員、家族からの情報を整理して、利用者を理解しようとする。
事例2	本人が自分の周辺のことを理解していないと精神保健福祉士が再認識する。	デイケア職員、医師、その他職員 ※本人、他の入居者からも情報収集を行う。	薬に関することは、デイケア職員から情報収集する。疾患については、医師から情報を収集する。生活歴については、以前関わっていた職員から情報を収集する。
事例3	本人が「できる」と思っていることと、周りが「できる」と思っていることが違う。	地域活動支援センターのPSW、病院のMSW ※本人・家族からも情報収集を行う。	生活歴やサービス利用状況、今後の生活について、地域活動支援センターのPSW、病院のMSWと情報を交換する。
事例4	MSW自身が、Dさんの思いを確認できた。	医師、他のMSW、看護師、転院先の看護師 ※本人、夫と相談しながら支援する。	他の専門職と今後の生活のみとおしや現在のADLなどを相談しながら進める。

144

事例 1 は、グループホーム（認知症対応型共同生活介護）の事例である。施設の入所者であるため、地域との関わりは必要と感じていなかったが、シートに記入することで、地域との関わりの可能性を探ろうとしはじめた。このシートを用いたことで、どこまで関わるかをみいだすきっかけになればよいと考えている。

　事例 2、3 は精神保健福祉士が関わった事例である。2 事例とも利用者との関係づくりが難しく、本人の意向とソーシャルワーカーの意向のすりあわせを行うことが困難になった事例である。この事例ではシートを用いたが、どこまで関わるかを明確にみいだすことができなかった。

　事例 4 では、病院側の意向と患者の意向をどのようにくみ取るかが課題となった事例である。間に立たされた医療ソーシャルワーカーの苦悩が理解できる。しかしながら、シートにも記入していたが、前向きに取り組む姿勢がみえている。そして疾患の原因がはっきりしないことに対する本人や妻の不安に対して、どのように接すればよいか悩んでいる。

　事例 1 から事例 4 に共通する点として、ソーシャルワーカーやグループホーム職員が支援困難と感じる場合は、利用者本人や家族とうまく意思疎通ができない場合があげられる。ただしその理由は事例により多様である。ソーシャルワーカーとして支援困難が生じるのは、利用者や家族、関係機関との認識のズレによるといってよいのではないか、そしてソーシャルワーカーに、その認識のズレを埋める方法が浮かばない場合は、その認識のズレを埋めることが支援目標となっていた。

　また事例 3 のように、転院することは決まっていても、受け入れ先の病院と意思疎通がうまくできなかったり、在宅復帰をしようとしても社会資源がない場合も支援困難が生じている。

　このような場合において、状況をとらえ直すことで、いずれの事例も関わり方や状況のとらえ方を変えてみようという姿勢になった。事例 1 では、利用者のことを理解していないという気づきがあり、利用者理解を深めようと利用者と接しようとしたり、介護支援専門員や他の職員か

第 4 章　事例検証と考察　　145

ら情報を収集してみることになった。事例2では、施設入所ではなく、利用者のできる可能性を探った支援を考えることになった。事例3では、転院先となる病院の情報収集をすることになった。事例4では、妻の協力を得られるかもしれないと考えることができた。

表4-37　事例検証のまとめ―第2段階の検証― ※支援困難、多職種連携

	支援者の気づき	多職種連携の特徴	役割分担
事例5	本人との認識の相違	緊急時の体制づくりを主眼とした社会福祉士、病院、行政担当者の連携である。	本人の状況については、病院や行政担当者と情報を共有しながら進める。
事例6	本人の意向を支援に反映させること。	社会福祉士、介護支援専門員、病院と連携が不十分であった。	本人、家族、関係機関と情報共有ができていないことに気づく。
事例7	本人との認識の相違に気づく。	社会福祉士・介護支援専門員・病院の連携していたものの、近所との関係を把握できていなかった。	本人と社会福祉士や他機関の認識が異なるため、その内容を共有する。
事例8	当初の認識どおり、経過をみながら支援を展開するしかないことに気づく。	介護支援専門員、ケースワーカー、デイ職員、民生委員などが連携している。	今、できる支援は行えているため、経過をみながら支援を展開していく。

　事例6は、家族からの問い合わせが頻繁にあり、社会福祉士がそれを重荷に感じている事例であった。支援ツールを活用したふりかえりを行った結果、他の専門職にも関わっていることに気づき、自分だけで関わるのではなく多職種連携を上手に活用しようという考え方になった。

　事例5、7、8は、介護支援専門員など各専門職や民生委員、親戚などが連携しているものの、状況が改善せずに困っている事例であった。事

例5、8は、支援ツールを活用することで、これまで自信がなかった支援について、肯定的にとらえることができている。

一方、事例7は、多職種等関係者間では情報が共有できていたと思っていたが、利用者の状況を鑑みれば、利用者と近隣との関係には気づかず、支援が混沌状態に陥っていた事例であった。

表4-38　事例検証のまとめ—第3段階の検証—　※支援困難、多職種連携、ICTシステム

	支援者の気づき	多職種連携やICTシステムの特徴	役割分担
事例9	社会福祉士が利用者に関われていないことに気づく。	介護支援専門員、訪問介護ICTシステム登録（緊急時連絡カード）。なお緊急通報装置も利用している。	ICTシステムを活用しているものの日々の細かな情報は、電話で確認しながら行っている。
事例10	ネットワークをどのように組むかを考えているが、それが確認できた。	ICTシステム登録（緊急時連絡カード）。なお緊急通報装置も利用している。	関係機関と今後のみとおしを検討したい。キーパーソンも必要である。
事例11	保健・医療・福祉以外の専門職と情報共有をどのように進めるかを考えたい。	訪問介護、訪問看護ICTシステム登録（緊急時連絡カード）。なお、緊急通報装置も利用している。	見守りを兼ねたサービス利用を行っている。緊急時の対応について、今後消防との協議が必要であると考えている。
事例12	不確かな情報をどのように確認して進めていくか迷った時期があった。	ICTシステム登録（緊急時連絡カード）。なお、緊急通報装置も利用している。	法律の知識が足りない部分を法テラスに相談している。見守りについては限られた人のみであることが心配される。

事例9は、ICTシステムを活用した事例である。専門多職種が関わりながら、支援の方向性がみえない状況という点では、第1段階、第2段

階の事例と共通している。認知症の影響もあるかもしれないが、Iさんに関わっている人のなかでも、限られた人しか信頼関係が構築できていないことが、支援状況を困難にしている一因であると考えられる。そこでそれぞれの専門職が、Iさんが誰と関わっているか最新の情報を確認し合うなど、連携を強めるためにICTシステムを活用することが求められよう。

事例10の場合は、キーパーソンとなる弟も高齢であり、今の生活を継続することがそのうちに困難になると予想される。また、近い将来、施設に入所したり、病院に入院する必要が生じた場合、緊急時の連絡先や身元引受人を誰にするか、誰にどのように関わってもらうかを考えていかなければならないと、地域包括支援センターの社会福祉士が考えている。ICTシステムに入力している情報では、弟や姪が緊急連絡者になっているが、近親者がこれだけでは不十分であり、早急にJさんの見守り体制をつくる必要があるだろう。

事例11では、本人の意欲を引き出す有効な支援を、多職種、有償ボランティアなどで連携して展開することが当面の課題である。社会福祉士として、関係者の関わり方を把握しながら、本人の意欲を引き出す方策を試行錯誤している状況である。その支援の情報共有のためにICTシステムを活用しようとしている事例であった。

事例12では、家族関係の再構築への支援が中心になる。社会福祉士としても、本人や家族の主体的な決断や生き方を尊重しつつ、Lさんの在宅生活を継続する支援を包括的にサポートしている。この事例の場合にはICTシステムの生活情報だけでは状況がわからず、社会福祉士が直接的な関わりを継続した事例であった。

また事例9や事例10では、事例に対応できない事態が生じた場合に社会福祉士が、ICTシステムの生活情報は何のために活用するかを改めて検討していた。それは、ICTシステムの情報は、情報収集する目的によって活用策が異なることを社会福祉士が認識していたからである。

たとえば、家族の連絡先や緊急時の連絡先などは、その時に連絡がつく人がいいのか、最終的に身元引受人となる人まで把握する必要があるのか、その事例で問題が生じた状況によって異なる。近隣とのつながりが強い地域であれば、誰かの連絡先がわかっていれば芋づる式に、身元引受人や家族の連絡先がわかるかもしれない。しかしながら、独居高齢者などで近隣とのつながりがほとんどない場合には、社会福祉士が事前に把握していない限りは、他機関に問い合わせるか ICT システムに登録されている情報に頼るしかない。ICT システムに登録している連絡先は、独居高齢者自身からの聞き取りによるものであるから、家族の場合もあれば、友人など場合もある。ICT システムを何のために活用するのかを今一度、明確にする必要があるのかもしれない。

表4-39　事例検証のまとめ─第4段階の検証─ ※利用者、支援困難、多職種連携、ICTシステム

	支援の気づき	多職種連携やICTシステムの特徴	利用者と社会福祉士の生活認識
事例13	公的な機関よりも近隣で支えていることに気づく。	ICTシステム登録（緊急時連絡カード）。※緊急通報装置も利用している。	利用者と社会福祉士の現状認識に相違がある。今のところ本人の意向に合わせて、近所のサポートを重視した支援を展開していくことにした。
事例14	家族の支援で生活を支えていることを確認した。	ICTシステム登録（緊急時連絡カード）。※緊急通報装置も利用している。	家族がどこまで支援できるかが重要であるため、支援する家族の健康状態や介護負担感を注視しながら関わっていくことにした。
事例15	公的な機関よりも自分で支援してくれる人を探して生活をしていることを確認した。	ICTシステム登録（緊急時連絡カード）。※緊急通報装置も利用している。	利用者と社会福祉士の現状認識に相違があるが、本人の意向に合った支援を展開する。緊急時には対応できる体制をつくっておく。
事例16	問題の緊急性に対する認識が、利用者と支援者で異なる。	ICTシステム登録（緊急時連絡カード）。※緊急通報装置も利用している。	事例15と同じく、利用者と支援者の現状認識に相違があるが、本人の意向に添った支援を展開する。緊急時には対応できる体制が必要である。

事例 13 では、多職種による見守りや ICT システムに登録し、緊急時の通報体制をとっているが、利用者は、公的なサービスに頼らずに近所などインフォーマルな支援で生活できると考えている。ただし年々生活範囲が狭くなっており、買い物や外出に支障がでている。現在の介護度では、介護サービスを多く利用できるわけではないため、将来的な生活をふまえた支援を行いたいと考えているところである。利用者の意向を尊重しながらも、買い物など具体的な困りごとについて、その都度、利用者と確認しながら支援を展開していくことになる。

　事例 14 では、数キロ離れた家族に頼った支援をどこまでできるかが鍵となる。利用者は自分の身の回りのことが十分にできないもどかしさをもちながらも、テレビをみるのが日課で、日々のニュースや野球について意欲的に情報を集めて生活を送っている。しかし弱ったことを人に知られたくないと、自治会やサロンには参加しなくなっているため、利用者の思いをくみとりながら、外出の機会を増やすための関わりが必要になる。

　事例 15 も外出に支障がでている事例である。利用者と支援者（社会福祉士、保健師）で生活に対する考え方に相違が生じている。そこで、介護サービスでできる支援内容とインフォーマルな支援で支える内容を、本人にその都度、説明して決めている状態である。緊急時のことを考えて、ICT システムに登録してその体制の準備をしているところである。

　事例 16 は、利用者が、テレビでみた体操をアレンジして、毎日、ベッド上で行うなど健康面に対する認識がしっかりできている事例である。この事例も利用者と支援者（社会福祉士、保健師）で、生活に対する考え方に相違がある事例であるが、現段階では、「あまり人に頼らず、迷惑をかけたくない」という本人の意向に添いながら、緊急時の対応を考えつつ経過をみている状態である。

第 4 章　事例検証と考察　　151

4. 考察

ソーシャワーカーがとらえる支援困難の内容

実際の支援において、利用者の生活に関する情報を収集する場合、ソーシャルワーカーが収集できる情報をもとに状況を整理している。多忙な業務のなかで物事を多面的にとらえる難しさが表れている。

基本的には、利用者本人や家族、また、利用者に直接関わっている病院や民生委員、行政担当者から情報収集を行っており、誰がどんな情報をもっているかを見極めて対応している様子がみられた。今回のように改めて情報収集先と項目を整理してみると、情報収集に偏りがあることに気づいたり、「この人からも情報を聞けるかもしれない」と視野が広がることもあった。また、事例6、7のように、入院している場合には、地域生活に関する情報を収集しにくい場合や当面の支援を考えると、周辺からの情報収集の必要性を感じない場合もある。利用者の生活は、支援する側が、関心をもたなければみえなかったり、情報収集できない場合もあるため、生活をとらえる難しさがそこにあるともいえる。

特に、第3章で提示した「生活情報の収集・入力」と「生活情報の確認・共有」について、事例から考察すれば、支援困難が生じている状況では、さらなる情報収集と、情報の確認を行おうとする姿勢がみられた。その目的は、支援困難の状況を理解するためであり、他職種がとらえている利用者の生活に相違がないかという確認をするためである。さらに、事例9から事例12までのICTを活用した多職種連携では、利用者の生活について、ICTを活用して整理しつつも、その情報の意味を専門多職種と確認しようとする姿勢がみられた。

ICT システムの特徴と有用性

　事例検証の第 3 段階および第 4 段階で調査した市町村が導入している ICT システムは 2 市町村とも利用者の生活情報を扱うデータベースである。2 市町村で ICT システムに対する考え方が若干異なり、ソフトウェアや参加している関係者の構成も異なっている。Y 市町村の場合は、保健医療福祉の関係機関だけでなく、消防や警察、行政機関も ICT システムの参加機関である。情報の入力は主に、社会福祉協議会と地域包括支援センターが行う。さらに、利用者の緊急時には携帯のメール等で連絡ができる緊急通報のシステムも組み合わせているのが特徴である。

　Z 市町村の場合には、保健・医療・福祉関係機関が活用するためのデータベースとして位置づけられている。そして、関係機関間で共有すべき情報についてそれぞれが入力・閲覧できる ICT システムである。

　これまでの整理をとおして、ICT システムの有用性を考察したい。2 市町村で導入している ICT システムについては、関係機関と情報を共有するために活用しようとしていると考えられる。しかしながら、ICT システムで扱う情報は限られていること、活用目的に合わせてシステムが構築されていることが特徴である。したがって、利用者、住民、関係機関の間で、何のために ICT システムを活用するか共通理解が必要である。

多職種連携と ICT システム

　インタビュー調査に協力してもらった 2 人の社会福祉士に共通しているのは、一人暮らしの認知症高齢者などで、周りの支援が必要な場合、社会福祉士や介護支援専門員など専門多職種で関わるが、その際には、サービス利用の判断をするキーパーソンを探すことを重視して支援を展開していたことである。

第 4 章　事例検証と考察　　153

それでも周りに、キーパーソンがいない場合には、日常生活自立支援事業を利用したり成年後見制度につなげるなどの支援を行っているといっていた。また、ICT については、2 人ともそのシステムを評価している。今後の課題としては、ICT をどのように活用すれば、地域の高齢者や家族を支えるようなシステムとして、有効な展開ができるのか考えることである。利用者の連絡先や生活歴などは、ICT を活用すれば、最低限の情報を知ることができるシステムとして構築している市町村もある。

　先行研究との比較では、保正らの研究[3]では、支援困難がソーシャルワーカーを成長させるきっかけになっている。本研究でもソーシャルワーカーが支援困難を抱いた場合に、それをどのように克服するかが鍵となる。事例 3 のように情報が明らかに偏っていると認識できた経験では、今後の業務に良い気づきを与えたことになり、成長を実感できるであろう。事例 1 や事例 7 のように、状況は感覚的に想定できているが、細かい内容について整理したことで、状況の焦点を改めて再確認した場合もある。

　支援困難を抱えた事例の場合には、できるだけ具体的な解決方法を提示した方がより実践的である。その点では、システム特性に関心をおくことが参考になる。さらに、支援困難への対応ということでは、筆者らの研究成果[4]でも直接的な面接技法やターミナルケアでの対応など、事態を改善していくための関わりを身につけることが、状況への課題となろう。

注

1)　西内章・西梅幸治・鈴木孝典・住友雄資「保健・医療・福祉専門職の連携・協働に関する IPE の可能性」『高知女子大学社会福祉学部編』59 2010 年　87-97 頁。
2)　西内章・山中福子・廣内智子・宮武陽子「保健医療福祉職者が認識する多職種専門職チームの活動に関する実態─高知県下の保健医療福祉関連機関に所属す

る専門職者を対象に―」日本保健医療福祉連携教育学会第 4 回大会研究報告
（2011 年 11 月 5 日　神奈川県立保健福祉大学）。
3)　保正友子・鈴木眞理子・竹沢昌子「ソーシャルワーカーの専門的力量形成とキャ
リア発達についての研究」『社会福祉士』12　2005 年　64-72 頁。
4)　前掲論文 1)　87-97 頁。

第5章

ソーシャルワークの生活認識を
めぐる ICT 活用の展望

1. 生活認識におけるソーシャルワークの意義

1-1 仮説①の検証・考察

　ここからは4つの仮説について検証・考察を行い、本研究の成果とまとめ、今後の研究課題を述べる。仮説①は、「支援困難を解決するためには、利用者の主体性と実存性にもとづき、生活情報を再構成することが必要である」であった。特に事例1から事例4ではソーシャルワーカー[1] が利用者の生活情報を整理し直すことで、ソーシャルワーカーが気づきを得た。

　先行研究において、支援困難への不適切な対応だと指摘されているのが、無理矢理に支援困難の原因を決めつけたり、利用者や多職種のうち誰かを「困った人」や「クレームの多い人」にすることである[2]。本研究でも当初「利用者が理解してくれない」や「家族がほとんど関わらないのがいけない」、「この地域には社会資源がないからどうしようもない」という認識が事例検証においてみられた。しかし、利用者の生活情報をとらえ直す作業によって、全ての事例で利用者の思いを再確認して

みようするなど、今までとは違う方法を模索して、混沌状態を脱しよう
としている。

　支援困難な状況になった場合には、ソーシャルワーカー自身の関心か
ら生活情報の一面的な部分だけに着目しすぎて、利用者の主体性や実存
性が見落とされている場合があるので本研究で取り組んだように生活情
報を全体的に再構成することに意義があると考えられる。

　以上から、多職種の関わりや ICT [3] の情報をもとに、利用者の生活認
識を整理し直すと、偏りや盲点があることを認識できるためソーシャル
ワーカーの自己覚知につながり新たな支援をみいだすことができると考
えられる。

1-2　仮説②の検証・考察

　仮説②は、「支援困難を解決するためには、利用者の生活コスモスに
立脚した多職種連携が必要である」である。事例 3 では、本人、家族、
他の病院とソーシャルワーカーの生活認識に相違があった。また全 16
事例において利用者とソーシャルワーカーとの生活認識に相違があっ
た。多職種連携の事例 4 ～ 8 および ICT システムを活用していた事例 9
～ 16 については、ソーシャルワーカーや多職種が認識している利用者
の生活内容と、利用者本人の生活に対する思いが焦点になっていた。

　ソーシャルワーカーが自身の生活認識を固定化せず、利用者の生活コ
スモスを認識しようとする姿勢で関わりを続け、他の支援機関がどのよ
うに生活を認識しているか注視しながら、ソーシャルワークの支援活動
を展開することが不可欠であるといえる。

　これらのことから、「ソーシャルワーカーは、すぐに誰かのせいにせ
ず、専門多職種の関わりや ICT システムに登録されている生活情報を
もとに、自分が認識している利用者の生活コスモスに関心を向け、利用
者の生活を改めて見直し、ふりかえることが、支援の混沌状態を抜け出

第 5 章　ソーシャルワークの生活認識をめぐる ICT 活用の展望　　　157

すソーシャルワークの展開である」という表現が適切であろう。

図 5-1　生活認識の深まり

1-3　仮説③の検証・考察

仮説③は、「ICT を活用することによって、利用者のニーズに応えることが可能である」である。第 1 章で述べたように、ICT は生活補助や学習面の活用など個別な場面で活用するものから、利用者の生活情報や社会資源の情報のデータベースである ICT システムを含む総称である。したがって、個々の ICT により機能が限定されているため、利用者の生活支援を行う万能な ICT が存在しているわけではない。このことは先行研究でも指摘されている。

また、ICT システムを活用する職種によって、支援に必要な生活情報が異なることもある。たとえば、消防や警察が特に必要な緊急時の連絡先などの生活情報に限定したものや Y 市町村のように、どの専門職も必要な疾患名や家族の状況、サービスの利用状況などの共通情報に限定している場合もある。いずれにしても、利用者のニーズの一部分を支えているにすぎないことを理解しておく必要がある。

そして ICT システムでは、第 3 章で述べたように生活情報は人が収集し入力する。利用者や関係機関から生活情報が提供されなかったり、大事な生活情報でも収集できない場合もある。また、いくら収集できていたとしても、元々 ICT システムの項目にない生活情報であれば入力できないと判断されるため連携時には活かされない。

今回の事例提供者であったソーシャルワーカーは、その市町村が導入しているICTシステムの特性を理解し、足りない生活情報があれば、自分で収集し直して補足していた。たとえば、事例11では、定期的な見守りが必要であると考えICTシステムに登録しており保健・医療・福祉機関、消防、警察などで緊急時の連絡先などの情報を共有できている。

しかし、ソーシャルワークとしては、利用者と家族の関係性や生活意欲などの生活情報についても支援に必要な生活情報であるが、これらはICTシステムの項目に含まれていないことも多い。したがって、ICTシステムに組み込まれていなくても支援に必要な生活情報は、専門職自ら収集することが必要である。

つまり、ICTを活用してソーシャルワークを展開して利用者のニーズに応えることは、単一のICTだけでは対応できないことがある。実際には、一部の専門職だけが必要とする限定的な生活情報はICTシステムに組み込みづらいのも事実である。

すなわち、「利用者のニーズに応えるためには、活用するICTの特性を理解し、メリット・デメリットをふまえた上で支援に必要な生活情報を独自に補いながらソーシャルワークを展開する」ことが必要である。

1-4　仮説④の検証・考察

仮説④は、「ICTシステムの有機的な活用には、多職種連携による生活認識が必要である」である。事例9～16はICTシステムを活用している事例であったが、いずれの事例もソーシャルワーカーからみれば、多職種連携ができていると認識している状況であった。その上で、確認し忘れた情報や確認不十分な状況を、ICTシステムの生活情報を確認することで把握していた。

今回の事例を提供してもらった調査先のICTシステムは、日常的に

多職種連携が行われている事業所や施設間で導入されており、利用者の生活認識に相違が生じても、それを確認し修正できる関係が構築されていた。つまり、仮説④が支持される結果にあると考察できる。

しかしながら、ICTシステムのより有機的な活用を目指すのであれば、ICTシステムを運営する協議会の開催や事例検討会などを実施し、それぞれのICTシステムで活用する項目や活用範囲などを定期的に協議・検討することが必要であろう。たとえば、ICTシステムの登録対象者を独居高齢者だけでよいのか、高齢者夫婦世帯まで拡大する必要はないかICTシステムを活用する機関や施設を増やす必要はないかなどがその例である。

これらのことをまとめると、「ICTシステムの有機的な活用には、多職種連携をより展開しやすくなるような体制づくりが欠かせない。そのためには、生活認識に着目してICTシステム活用過程である生活情報の収集・入力・確認・共有局面を評価し、ICTシステムの項目や活用範囲を協議・検討できる仕組みを構築することが必要である」と説明できるであろう。

図 5-2　多職種連携を深める ICT 活用

2. ソーシャルワークの視座への展望

2-1 本研究の着想と ICT 活用の展開

本研究の枠組みと事例検証をとおして、仮説検証と考察を行い、その成果から知見を得た。仮説検証・考察の結果から次の3つがいえる。

①ソーシャルワークで生じた支援困難は、生活コスモス状況として利用者の生活を認識することで、支援困難が生じている状況を整理しとらえ直すことができること

②利用者のニーズに応えるためには、そのニーズに対応した ICT を活用すること（第4章のインタビュー調査で、ソーシャルワーカーや他職種が、制度によって異なるアセスメントシートや ICT を活用していた）

③ICT システムを有機的に活用するには、前提となる多職種連携による共通の生活認識が必要であり、さらにその結果をもとに ICT システム自体を改善できる仕組みが必要であること

筆者は、当初、多職種連携と ICT の関連性に疑問があり、両者は全く別物であると考えていた。しかしながら、保健・医療・福祉領域では、生活を支えるシステムとして ICT が活用されていることがわかるにつれて、ICT を活用する専門多職種のつながり、すなわち、「連携」が重要であることがわかってきた。さらに多職種連携を前提にして、ICT のみならず ICT システムが有機的に機能することがわかった。そして本研究では、それをソーシャルワークとして展開する意義を考察できたと考えている。

2-2 ICT システムによるインプット・アウトプット

本研究で明らかになった支援困難は多様であったが、単に利用者が悪いとかソーシャルワーカーと家族、専門職者の意見の対立が原因であるととらえていたわけではなかった。利用者の生活に関する情報不足や認識にズレがあることに気づき解決策を探そうするソーシャルワーカーの姿が印象的であった。

また、支援困難など生活課題を解決するために、多職種が連携したりICT システムを活用している実態が明らかになった。第4章で示したICT システム活用過程について、事例検証の結果をもとにして、生活情報のアウトプットおよびインプットの特性に分けて整理したものが図5-3 である。

生活情報を相互に補うためには、日頃からの多職種連携が欠かせない。それは、IPE の定義である「複数の領域の専門職者が、連携およびケアの質の改善をするために、同じ場所でともに学び合いながらお互いのことを学ぶこと」[4] に通じる特性だと考えられる。

支援困難が生じた場合には、客観的事実やそこから導きだされる客観的意味だけにとどまらず、利用者がその状況についてどのような思いでいるかを考えて利用者の生活コスモスを認識し、支援関係をみつめ直す作業が不可欠である。また利用者や家族、ソーシャルワーカー、その他の専門多職種が利用者の生活をどのようにとらえているかを確認する作業も重要である。

これには、それぞれの生活認識を整理できるようなアセスメントシートが必要である。既存のものでは限界があるため、生活コスモスを共通認識できるようなアセスメントシートの開発が急務であると考えている。そして、図の生活情報のインプットとアウトプットのように、生活情報収集局面から生活情報共有局面までの流れの中で、利用者の生活認識がどのように扱われるかを理解することである。

図 5-3　ICT システムによるインプットとアウトプット

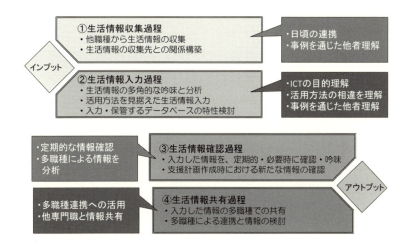

2-3　支援困難のシステム認識

　これまで述べてきたように、ソーシャルワークにおいて「利用者の生活」は、ミクロシステム、メゾシステム、エクソシステム、マクロシステムといったように広がりがあるものとして理解される。これは、「日常生活場面における利用者の ADL をアセスメントする」という生活認識ではなく生活コスモスに立脚したシステム認識のことである。
　例えば、生活を構成する一つひとつの要素に対する利用者とソーシャルワーカーの認識が異なれば、利用者の生活全体に対する認識も異なる。また各システムを構成するミクロシステム、メゾシステム、エクソシステム、マクロシステムへの関心が異なれば、統合した利用者の生活全体への認識も異なる。それを確認するためには、下位システムのどの部分で生活コスモスに対する認識に相違があるのかを確認する作業が必要であった。
　事例 13 では、閉じこもりを防ぐために他者との交流が必要であると

利用者もソーシャルワーカーも考えているが、その生活を支えるメゾシステムの構成メンバーに相違があった。利用者は近所のインフォーマルな関わりで十分だと考えている一方で、ソーシャルワーカーは公的なサービスを複数利用して、多職種間で定期的な安否確認の情報共有をしたいと考えている。この事例のようにメゾシステムを何とかしたいという認識は、同じであっても、その中味に対する認識が違うため具体的な支援が停滞している状態があった。

　支援困難の状況はこれまで述べてきたように、支援の「混沌状態」であるが、利用者とソーシャルワーカー間に生活のシステム認識に相違があり、利用者に寄り添えず確認できないことを示しているとも説明できる。それを解決するためには、利用者の実存性に寄り添い、ソーシャルワーカー自身が判断している生活認識そのものを問うことである。

2-4　本研究の生活認識への視座

　本研究では、ソーシャルワーカーによる利用者の生活認識を確認し、得られた内容から、現場で生じる「支援困難」の内容を探った。くり返しになるがソーシャルワークでは、利用者の生活コスモスを理解し、利用者とともに実践を展開することが基本である。そのため、支援困難が生じた場合には、利用者の生活コスモスを理解するために、収集した情報を整理し、今一度とらえ直す過程が必要である。

　たとえば事例9から事例16では、利用者との意思疎通がうまくいかないため、ソーシャルワーカーとしては、公的なサービスや利用者に関わる人を多くして見守り、生活が急変してもすぐに誰かが気づくような支援を展開しようしていたことが特徴的であった。生活をとらえ直すことにより、この考え方がソーシャルワーカー側の発想であったことに気づいている。

　これらの取り組みが、第1章から第4章まで行ってきた支援困難を解

164

決する方法と生活のシステム認識である。本研究では支援困難が生じている状況をシステムとして理解し、その生活情報をとらえ直すことが重要であることをくり返し指摘してきた。そして、利用者とソーシャルワーカーの協働による生活認識をもとに支援困難をとらえ直すことの重要性に着目してきた。この認識の仕方は先行研究とは違う本研究独自の生活認識であった。

近年、支援困難は、ソーシャルワークの事例研究に関する文献で多く取りあげられるようになっている。これらに共通しているのは、ソーシャルワーカーなど支援者が、自らの行為をふりかえり、先入観は先入観として、事実は事実として適切に理解することであった（第1章参照）。先行研究のように支援困難そのものを分析し解決しようとするのではなく、あくまでもソーシャルワークとして生活課題を解決するなか支援困難にも対応しようとした点に本研究の独自性があると考えている。

3.　本研究の成果とまとめ

3-1　ICT 活用の展開

本研究の研究成果は、ソーシャルワークにおける ICT を活用した生活認識とその活用方法を提示し、事例実証・考察した点であり、本章において仮説を検証・考察しながら具体的な成果を説明してきた。

ここでは、本研究の成果を反映させた図を提示する。図のように、ICT システムを活用することで、新たに他機関が把握している生活情報が利用できる。そしてソーシャルワーカーが認識している状況を確認したり、生活情報を補ったりして生活のとらえ方を変えることができるからである。

もちろん、ソーシャルワークを展開して支援困難を解決するのは容易

なことではない。今一度、利用者の参加と協働による生活認識に立ち返り、支援困難に向きあいソーシャルワークとしてICTシステムを活用していく過程こそがソーシャルワークの過程といいうるものである。

なお前述したように、単一のICTシステムだけでは不十分であるので、支援困難の状況に応じてICTシステムを組み合わせることが必要であり、仮説③および④の検証・考察の部分で述べたようにソーシャルワーカーがそれぞれのICTシステムの特性を理解して複数のICTシステムを使い分ける力量を身につけることが大前提となる。

図 5-4　ソーシャルワークにおけるICTシステム活用による展開（総合）

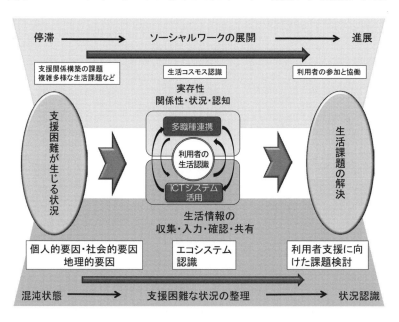

3-2　支援困難への支援ツールの活用

これまでのエコシステム研究会の研究にさらに補足して、本研究では

コンピュータ支援ツールであるエコスキャナーの新たな活用方法を試みた。支援ツールはそもそも利用者とソーシャルワーカーの支援関係において活用することを前提にして開発されている。

しかしながら、実践場面においては、支援困難のように利用者とソーシャルワーカーが情報を共有できない、つまり信頼しあった支援関係を構築できないケースもある。本研究ではそのようにソーシャルワーカーが支援困難を感じる場合の支援ツールの活用方法に着目した。

そのために、ふりかえりシートを計6枚作成し、支援困難を解決する考察の手順を検討した。今回の調査では、支援ツールとシートを併用することで、利用者の隠れた思いなど今まで気づかなかった点を発見したり、これまで自信がなかった支援内容について確認ができた。本研究のような活用方法は、これまでのスーパービジョンとしての活用方法の応用版ともいえる。

これらの気づきを得たことにより、再度、ソーシャルワーカーが利用者の参加と協働による生活コスモスに立脚したソーシャルワークを展開できるようになるだろう。本研究により支援ツールを活用できる用途を増やすことができたと考えている。

3-3 本研究のまとめ―第1章から第3章―

これまでの考察をふまえて、本研究をまとめておきたい。第1章から第3章において、問題の所在、理論基盤、ICTシステム活用過程について検討・考察した内容を要約すれば、以下のとおりである。

①支援困難が生じた場合には、ソーシャルワーカーが認識している「利用者の生活」を、支援ツールを用いて、利用者の生活コスモスを認識しているか確認する必要があることが明らかになった（第1章、第2章）

②多職種連携は、職種間による生活認識の相違に着目することで、支

援が展開できることが明らかになった（第1章、第2章）

③支援困難に対するソーシャルワークの生活認識は、利用者との参加と協働、多職種連携を志向した方法による展開が必要であることが示された（第2章）

④ICTシステム活用過程として新たにそれを4つの過程に分けて整理し、その特性を検討したのは本研究独自の知見である（第3章）

⑤またその過程は、ソーシャルワークの展開として考えることができることを示唆した（第3章）

これら第1章から第3章については、先行研究をふまえた文献研究と筆者が行ってきた調査をもとに検討した内容である。

3-4　本研究のまとめ―第4章から第5章―

第4章と第5章では、事例検証・考察を行ったがその内容を要約すれば以下のとおりである。

①第1段階の事例検証では、事例（4例）の支援困難が生じている状況を支援ツールを用いて、利用者の生活コスモスに関心をもつことで状況をとらえ直すことができ、支援の新たな糸口がみえた（第4章）

②第2段階の事例検証では、多職種連携の事例（4例）について、ソーシャルワーカーが、利用者と家族、多職種間の認識の相違に気づいたことがふりかえりシートに記載されており、支援を見直すきっかけになった（第4章）

③第3段階の事例検証では、ICTシステムを活用した事例（4例）について、利用者、家族への支援方法や、多職種連携の方法についてICTシステムを活用して生活情報を共有しているが、ソーシャルワーカーとしては、支援困難を解決する糸口をみつけることができた（第4章）

④第4段階の事例検証でもICTシステムを活用した事例（4例）を検証したが、こちらは、利用者とソーシャルワーカーによる生活認識の相違を確認できたことから、利用者の生活コスモスをもとに次の支援へ展開するきっかけができた（第4章）

⑤以上のことから、ソーシャルワークにおけるICTシステム活用は、インプット、アウトプットの特性を活かしたソーシャルワークの展開として考えられ、支援困難を解決するために、ソーシャルワーカー自らの生活認識を再確認するために用いることができることが明らかになった（第5章）

この事例検証と考察をふりかえり、「4. 今後の研究課題」では今後の研究課題を提示する。

4. 今後の研究課題
―本研究をふまえたソーシャルワークの展開―

4-1 ICTを活用したソーシャルワークの研究課題

地域情報化の流れに伴い、コンピュータ、インターネットなどICTは、今後もますます発展していくだろう。しかし、ICTを用いて、今まで不可能だったことを「実現しようということ、得ようという効果に応じて人間がすべきことも多く」なる。そこで湯浅良雄や坂本世津夫、崔英靖の指摘をもとに本研究に関連するICTを活用する際の留意点をあげれば以下のとおりである[5]。

①ICTの目的を明確化し、手段としてICTを活用すること

②新しいがゆえに使い方が確立されていない面や課題が残っていることを適切に理解すること

③ビジョン実現のためには、社会全体の情報リテラシー水準の向上が

必要であり、時間のかかる教育などについては、早急に対応を始めること

④情報技術で産業を興したり、活性化したりするための、多様で高度な知識・技術を持つ人材の育成が必要であること（以上、筆者要約）

本研究の場合においても、人、特に専門職の連携が、ICT の前提にあることが示唆された。ソーシャルワークも対人支援であるため、ICT はソーシャルワークの多様な場面で活用されていくと思われる。

そこで、湯浅らの指摘をもとに本研究を整理すれば ICT に関する今後の研究課題は次のようなものがあると考えている。

①当初の ICT 導入目的だけなく、多様に活用されている場合には、どのような活用ができるか再度検討し、改めて ICT の活用目的を明示すること（上述の①に対応）

②市街地や中山間など地域による相違を整理し、地域に必要な ICT の機能を分析すること（上述の②に対応）

③ICT を活用する人（専門職）の養成・研修方法を体系化すること（上述の③、④に対応）

本研究はソーシャルワーカーにとって、ICT が無視することができないくらい重要であることを認識している。さらに価値・知識・方策・方法というソーシャルワークの構成要素をもとにして、方法レパートリーを展開していく上で ICT は是非とも必要なものでありソーシャルワークが直面している研究課題を探求していくための橋頭堡としての意義もあると考えられる。

4-2　支援困難に対する支援ツール開発の課題

本研究ではソーシャルワーカーが抱える支援困難を整理し、それを解決するための方法を提示したが、今後利用者による情報認識をも視野に入れた有機的な支援ツールの開発・検討が不可欠である。

また、エコシステム構想では、「利用者の生活」をとらえることを主眼として、研究を重ねてきた。本研究は、支援ツールの活用方法に関するものであったが、課題も残されている。本研究のようにソーシャルワーカーが実践で扱う場合、使用する既存のアセスメントシートや専門用語との関連をさらに考慮しておかなければならない。本研究でも調査中に、調査協力者からそれぞれの概念について質問を受けた。特に、本研究のような多職種連携およびICTを活用する場面において、以下のような課題を指摘しておきたい。

①実践で活用する場合には、誤解を受けないように用語の定義を明確にしておくこと

②状況をふりかえることができるように、本研究で用いたような気づきをまとめる用紙を準備するか、記録する方法を開発すること

③これまでエコシステム研究会のメンバーが開発してきた支援ツール間の関係や活用方法を明確にして、活用方法を展開できるようにすること

④エコマップ等の他の支援ツールとの併用や比較ができるような活用方法を定着させ、汎用性をもたせること

　支援ツールについては、使用目的を明確化して限定的に使用する場合やソーシャルワーク教育場面のように、ソーシャルワークという全体的・統合的な視座を学ぶために使用する場合もあるため、調査協力者に理解して活用してもらう方法を定着化することが課題である。

4-3 「利用者の参加と協働」に向けた実践の課題

　ここからは、ソーシャルワークの特性である「利用者の参加と協働」と「多職種連携とICT活用」の課題について言及したい。第1章から第3章で述べたように、ICTについて先行研究で述べられていることは、合理的な指摘である。しかし、ソーシャルワーカーが利用者支援から離

れて、多職種連携の具体的な方法を検討したり、ICT の問題点を改善することは、実際難しい。エコスキャナーは本来、生活支援に際して、利用者の参加と協働を目指して開発されているが、本研究では、その構想の主旨と視点を変えて、ソーシャルワーカーが単独で使用することで、利用者支援につなげる方法を提示した。その理由は、支援困難が生じている場合、ソーシャルワーカーによる「利用者の生活認識」のとらえ方にこそ着目すべきであると考えたためである。

　本研究では、ソーシャルワークの実践として、「利用者の参加と協働」を行うために、ICT が存在していると考えて「協働」と「連携」の用語をそれぞれ操作的に位置づけた。すなわち、ソーシャルワークの生活支援は、利用者との参加と協働で成り立つものであることを始点にして研究を行ってきた訳である。今回の 16 事例についても、状況が改善されれば、利用者の参加と協働を基点として支援活動を展開することがソーシャルワークであり、それを目指さなければならないのである。

4-4　今後の研究に向けた課題

　最後にソーシャルワークの研究と実践方法について課題を指摘したい。支援困難に対しては、ソーシャルワークの専門性を理解して、専門的な力量をあげていく必要があると、指摘されている。たとえば、尾崎の提唱する「ゆらぎ」[6] やショーン（Schön, D. A.）の「行為の中の省察」[7]、クリティカルシンキング[8] の思考法などが注目されている。それは利用者とともに生活課題を解決しようと困難と向きあう姿勢やソーシャルワーカーの立場や姿勢を確認しながら、支援を展開する必要性が高まっているためであろう。

　しかし、ここで留意すべき点がある。支援困難な状況に直面するとソーシャルワーカーとして力量がないと考えてしまうことである。これまでくり返し述べてきたように、支援困難をとり上げている先行研究で

は、状況を多面的にとらえ、主観的な理解と客観的な理解を整理し、倫理的な側面や利用者とソーシャルワーカーとの関係性に着目などの方法で支援困難を解決しようとしている。これは合理的で正しい解決方法であると思われるがゆえに、解決への道筋をミスリードさせてしまう危険も大きいことを指摘しておかなければならない。

　本研究に協力していただいたソーシャルワーカーは、利用者の生活コスモスに着目して支援困難な状況をとらえ直すと、解決の糸口がみえてきた。つまり、支援困難を解決するために、自分の力量を高める努力や多職種連携の展開、スーパービジョンの体制づくり、あるいはICT活用のシステムづくりなども必要であるが、これらは、あくまでもソーシャルワークを実践するための手段や条件にすぎない点を強調しておきたい。一番重要なことは、ソーシャルワークの視野や発想をもとにして、支援困難な状況をとらえ直すことである。

　そのうえで、自分だけでは対応できないような状況であれば、上司や他の専門職など、その支援困難に対応できる人へつなぐこともできる。利用者の生活に対する認識の多様性を理解し、支援困難に対する利用者の生活コスモスに着目した支援展開こそが、本来のソーシャルワークの視点である。これこそがソーシャルワークの神髄なのである。

注
1)　第4章で個別の事例検証に登場した社会福祉士や精神保健福祉士の個別な特性は第4章で扱っており、第5章では、研究の総合考察を行うことから、全て「ソーシャルワーカー」という用語を使用することにする。
2)　岩間伸之『支援困難事例へのアプローチ』メディカルレビュー社　2008年　8-10頁。
3)　これまでも述べたきたように「ICT」の概念に「ICTシステム」が含まれている。そのため、第5章でも、ICTシステムを意味する場合を除いて、「ICT」という用語には、ICTシステムが含まれているものとする。
4)　CAIPE (2013) Defining IPE (http: //caipe.org.uk/about-us/defining-ipe, 2013.12.1).

第5章　ソーシャルワークの生活認識をめぐるICT活用の展望　　173

5) ICT 活用時の留意点は、以下のようなものがある。
　　・ICT は、何でもできる魔法のようなものではないことを認識すること
　　・利用に際して、目的意識を明確にもつこと
　　・単に手段として認識するだけでなく、使い方を常に意識し、検討すること
　　・情報化に失敗、あるいは行き詰まっている場合は、目的や使い方の位置づけ
　　　が曖昧である可能性が高いこと
　　・ICT は、まだ新しいツールであるため、確立されていないことや課題がある
　　　ことを理解しておくこと
　　・個人や環境・共同体、そして社会に対するビジョンが必要であること
　　・社会全体の情報リテラシー水準の向上が必要であり、早急に対応を始めるこ
　　　と
　　・多様で高度な知識・技術を 持つ人材の育成が必要であること
　　（湯浅良雄・坂本世津夫・崔英靖『地域情報化の課題―地域に根ざした情報化の
　　可能性―』晃洋書房 2004 年 219-220 頁）。
6) 尾崎新は、「ゆらぐこと」を、自分自身で認め受け止めることと利用者とソー
　　シャルワーカーの「ゆらぎ」を区別することを述べている（尾崎新『「ゆらぐ」
　　ことのできる力―ゆらぎと社会福祉実践』誠信書房 1999 年 291-325 頁）。
7) ショーン、D. A.（佐藤学・秋田喜代美訳）『専門家の知恵―反省的実践家は行為
　　しながら考える―』ゆみる出版 2001 年 76-130 頁。
8) ゼックミスタ、E. B.・ジョンソン、J. E.（宮元博章・道田泰司・谷口高士・菊池
　　聡訳）『クリティカルシンキング 入門編』北大路書房 1996 年 25-213 頁。

あとがき

　本研究は、地域包括ケアシステムの構築を目指して、利用者とソーシャルワーカーとの認識の相違を乗り越え、ICT を活用した枠組みを確立する方法を構築することに取り組みました。ICT は日々進歩しています。本研究では、エコシステム構想による支援ツールや緊急通報装置としての ICT、利用者の生活情報を登録したデータベース型 ICT について、主に検討しました。他も、医療における遠隔操作や日々のコミュニケーションツールなど ICT には多様な活用が期待できます。

　事例検証にあたって、筆者の研究当初の関心は、調査協力者が利用者の生活に関わる情報をどのように整理しているかという点でした。実際に、調査に協力いただいたのは、社会福祉士や精神保健福祉士などの資格をもつ方々でしたが、事例検証時にほとんどの調査協力者が、「今は、ソーシャルワークができていないかもしれない」と発言されており、日々の実践で自問されているようでした。改めてソーシャルワークの理論基盤が、実践においてソーシャルワーカーの拠り所となっていることを実感しました。私は支援困難な状況に遭遇した際には、ジェネラル・ソーシャルワークの理論基盤に立ち返り、利用者の生活をとらえ直すことが重要であると考えます。

　社会福祉士の相談援助実習でも、実習生は実習で直面した現実をふまえて内容を考察しますが、その現実をどのように観察し、考察し、その後自分の実習をふりかえるかが重要です。教員や実習指導者はその体験をふりかえる作業をサポートするのですが、今後社会福祉士の専門職性に対する議論が高まるようになれば、より実習生にそのための手順を

175

示すことが課題となるのではないでしょうか。ソーシャルワーカーは利用者の固有な生活に関わります。実習生であってもそれは同じであり、実習の体験から、「利用者の生活」を認識するまでの手順自体が、スーパービジョンといえると思います。

本研究では利用者とソーシャルワーカーの生活のとらえ方に着目して考察を行いました。そしてICTを活用した生活認識を焦点としましたが、先行研究および事例検証でも結局ICTを活用するのは「人」であり、人が理論基盤をきちんと身につけていなければ、ICTを利用者支援に活用できないことを痛感しました。ソーシャルワーカーに着目した研究ですがその目標はあくまでも利用者の支援であり、いくら高度なICTを活用しても、利用者の参加と協働がなければソーシャルワークは展開していかないはずです。

研究に際して、多数の方に本当にお世話になりました。大阪府立大学名誉教授・関西福祉科学大学名誉教授である太田義弘先生は、龍谷大学大大学院在籍時からソーシャルワークについて一から教えてくださっただけではなく、研究者としての信念や生き方を直に学ばせていただきました。学問とは「問うことを学ぶこと」であることや「してみせて、言って聞かせて、させてみる」という格言を、私たち院生に自ら実践し示し続けてくださいました。他の院生なら1回で理解できることでも、私は1回で理解できなかったため、同じ事柄を何度も根気強く説明していただきました。太田先生には言葉では言い尽くせないほどお世話になり、深甚のお礼を申し上げます。

そして指導教授である安井理夫先生には、本研究の成果をどのようにまとめるかという初歩的なところからご指導をいただきました。安井先生にご指導いただいたお陰で博士学位論文としてまとめることができ、本当に感謝の念にたえません。

論文の審査では、関西福祉科学大学の津田耕一先生に建設的なコメントをいただきました。また、同大学院の浅野仁教授には、お会いする度

にお声をかけていただき、研究スケジュールについて確認をいただき、本研究に際して多大なご心配をおかけ致しました。龍谷大学大学院在籍時には、野澤正子先生、川田誉音先生には、研究に対する姿勢や論文の書き方などについて的確なご指導をいただき、いつも厳しくかつ、温かく見守っていただきました。

さらに中村佐織先生をはじめエコシステム研究会の先生方、特に同じチームアセスメント支援ツールの開発研究グループである丸山裕子先生、山口真里先生、独立型社会福祉士の開業システム開発研究グループである小榮住まゆ子先生、御前由美子先生、伊藤佳代子先生、高知県立大学の西梅幸治先生、加藤由衣先生、龍谷大学大学院時からの研究メンバーである溝渕淳先生、長澤真由子先生、関西福祉科学大学大学院時にお世話になった松久宗丙ソーシャルワーカーには、くじけそうになった時に助言をいただき支えていただきました。高知県立大学の杉村さんには、誤字脱字のチェックをいただき、大変お世話になりました。

事例検証においても、調査にご協力いただいた高齢者の皆様をはじめ、4カ所の地域包括支援センターならびに病院や社会福祉施設の皆様に深く感謝を申し上げます。特に、第3段階、第4段階の事例検証でお世話になった高齢者の皆様や市町村の地域包括支援センター長、社会福祉士、保健師の方々には、多忙にも関わらず長時間にわたり、ご協力いただきまして心よりお礼申し上げます。調査を通じて、高齢者、職員の方々から熱い思いをお聞きしたことにより、皆様の思いを必ず反映した成果としてまとめなければいけないと決意した次第です。

また出版に際して、明石書店の大江道雅社長、秋耕社の小林一郎社長には、出版の相談、原稿のやりとりについて多方面でお手数をおかけしました。心より御礼申し上げます。

そして、妻や子どもたちの支えが欠かせませんでした。本当に感謝しています。土日、祝日もほとんど家におらず、普段も子どもたちが寝ついてから帰宅し、起きる前に出勤する日々です。それでも、父の研究活

動を理解しわがままをいわずに支えてくれています。今後も研究は続きますが、私も妻や子どもたちを支えていきたいと思います。

　研究者としてようやくスタートラインに立ったところです。今後も研究に精進していきたいと考えています。

追記

　なお、本書は、博士学位論文「ソーシャルワークにおける ICT を活用した『生活認識』の研究」をもとに、以下の研究内容を加筆・修正したものです。

・「ソーシャルワークにおける多職種連携モデル（試案）の構成子に関する研究」『高知県立大学紀要（社会福祉学部編）』第 67 巻 189-199 頁 2018 年
・「ICT を活用したソーシャルワークにおける「情報」の位置づけと実践課題」『高知県立大学紀要（社会福祉学部編）』第 65 巻 83-93 頁 2016 年
・「ソーシャルワークにおける ICT の意義と課題」『高知県立大学紀要（社会福祉学部編）』第 63 巻 39-54 頁 2014 年

　また、次頁から本研究の成果として掲載している「多職種連携支援 A モデル（試案）」実証調査を、市町村行政や社会福祉協議会で働く社会福祉士、精神保健福祉士等 20 名にお願いしています。
　現時点では、
　①利用者の意向を多職種に周知すること（生活情報共有局面）を重視する
　②収集した情報の管理（生活情報確認局面）を重視する
　③カンファレンスでの話し合い（生活情報確認・共有局面）を重視する
　④多職種チームの運営管理を重視する
　⑤連携先の特徴や関係性を重視する
等、同じ部署や機関で業務を行っていても、多職種連携に対する考え方や実践方法が異なる結果になっています。調査協力者には、この点を自己評価と他者評価によって確認してもらえています。今後も調査研究を継続する予定です。

資　　料

ソーシャルワーカーが活用する
「多職種連携支援 A モデル（試案）」

※本研究の成果として掲載しています。このモデルは、
　生活コスモスを基点に多職種連携と ICT を活用するモ
　デルです。なお、このモデルを実践展開する支援ツー
　ル「エコスキャナー」については、太田義弘・中村佐織・
　安井理夫編『高度専門職業としてのソーシャルワーク
　─理論・構想・方法・実践の科学的統合化─』光生館、
　2017 年を参照下さい。

I. ソーシャルワークにおける「情報」について

1　利用者とソーシャルワーカーが扱う「情報」

　ソーシャルワークにおいて、情報の扱い方は支援活動に影響する。それは利用者の生活環境に関わる情報を認識し、さらに生活ニーズを充足させるための情報を見つけ出し、活用しているためである[1]。さらにJohnson（= 2004: 227）は、利用者とソーシャルワーカーが情報の解釈について確認し合うことが支援において不可欠であることを指摘している。

　また、Dorfman（= 1999: 80）は、利用者の情報は体系化された分析と整理が必要であることを述べ具体的に、支援活動で必要な情報の項目例を挙げている[2]。Dorfman（= 1999: 80）の指摘をもとにすれば、ソーシャルワークにおける各情報の特性や関係性についても分析と整理を行うことで、利用者の生活に関わる情報の全体的な視野を意識することができる。

　そしてHepworthらの指摘をもとにすると、利用者とソーシャルワーカーが扱う「情報」の特性について、以下の点が指摘できると考えている[3]。

　①情報はアセスメントに影響し、その方向性決めること

　②アセスメントの局面において、その都度、情報を分析・統合すること

　③アセスメントで収集した情報を吟味することで支援が展開すること

　④情報を検討することでアセスメントの正確性が判断できること

　これら4点について、Hepworthらの指摘をもとに述べたい。まず、ソーシャルワークのアセスメントは「情報を集めて一貫した形で、クラ

イエント像やクライエントの置かれている状況を記述する」（Hepworth, D. ほか = 2015：299）ことである。そして、アセスメント情報は、利用者の「困難の性質や原因に関するソーシャルワーカーの推論が含まれており、そのアセスメントはその後のクライエントとの相互作用の基盤となって、目標の設定、介入の決定、進展の評価などを方向付ける」（Hepworth, D. ほか = 2015：299）ために活用されるという理解ができる。このようにアセスメントにおける情報の特性を理解することは支援活動において重要である。

　2点目として、ソーシャルワーカーは、利用者と「接触し始めたときからその関係を終える期間を通じてアセスメントのプロセスに従事する。それは数週間かもしれないし、数ヵ月、数年にわたることもある」（Hepworth, D. ほか = 2015：302）。つまり、「アセスメントは、ケースの経過全体を通じて新しい情報が姿を現すたびに、これを受け止め、分析し、統合することを含む、流動的で機動的なプロセス」（Hepworth, D. ほか = 2015：302）なのである。このように情報は支援の過程において、常に影響を与え続けるものであり、アセスメント局面において利用者とソーシャルワーカーによる情報の分析・統合が支援活動に影響するのである。

　3点目は、初回面接の中で、ソーシャルワーカーは、豊富な情報を引き出し、ソーシャルワーカーは、深く掘り下げる価値のある情報はどれか、利用者の人となりや現前する問題の理解のためにさほど重要でない問題はどれかを判断することにつながる（Hepworth, D. ほか = 2015：302）という理解である。これは支援において価値ある情報か否かを判断するのは利用者とソーシャルワーカーであることを示しているとも考えることができそうである。

　4点目の内容は、「問題解決が進むにつれて、しばしば新しい情報を開示し、当初の評価に新たな光を投げかけることになる。この新たな視点はクライエントを深く知ることになったことによる当然の結果として

現れることもある。あるいは、クライエントはソーシャルワーカーに対する信用と能力に確信を持てるまで、重要な情報の開示を差し控えてきた可能性もある。その結果、当初のアセスメントが不正確だということがわかり、廃棄や大きな変更が必要になる場合が多くなる」(Hepworth, D. ほか = 2015：302) ことを示している。実践において常に新たな情報を収集し、情報を吟味することは、利用者やその環境に対する理解を深めることにつながる。そこで利用者とソーシャルワーカーはこれまで収集した情報に関心をもち、当初の支援でよいかを確認する必要がある。

2　ソーシャルワーカーの姿勢と「情報」のとらえ方

次に、ソーシャルワーカーの姿勢と情報のとらえ方について検討したい。Meyer は、利用者とソーシャルワーカーが情報の分析や認識を行う過程そのものがアセスメントであると述べている[4]。そして利用者の状況を、利用者とソーシャルワーカーがともに認識する方法論であることを説明している。

つまり、情報を的確にとらえるために、情報の分析と整理を行うのかアセスメントである。そして、ソーシャルワークのアセスメントにおいて情報をどのように扱うかによって、支援の方向性やアセスメントの正確さに影響すると考えることができる。

Hepworth ら（= 2015：303）は、主として利用者とソーシャルワーカーは協働してアセスメントを行うが、その際、留意すべき内容は次の3点であると指摘している（筆者要約）。

①利用者は何を主要な問題あるいは困りごとと認識しているか
②支援に際して、事前に利用者とソーシャルワーカーが考慮しなければならない懸案事項があるか
③健康面や安全面など利用者とソーシャルワーカーが注意を払わなければいけない潜在的で深刻な問題があるか

そして、ソーシャルワークで用いる病理モデルと生活モデルにみられるように、「診断」と「アセスメント」の違いによって、情報の解釈が異なることにも留意しておく必要がある。

　診断として状況をとらえる場合には、問題の特定に焦点が置かれるため、治療法や投薬法の選定だけでなく、利用者の体験についても症状としてとらえることができる。そして、利用者やソーシャルワーカーがその診断結果をもとにした症状の理解から多くのことを学び、生活課題の解決ができるのである（Hepworth, D. ほか 2015：305）。

　他方で、診断の見方は難しさもある。診断が安易なラベル付けにつながることもあるし、診断内容を間違えた場合には、利用者の能力や潜在的な問題が表面化しない危険性もある。すなわち、診断は利用者の一部分をとらえているにすぎないという立場から、情報を整理することが適切であると考える。

　また、利用者の文化的・社会的な生活背景によっても情報のとらえ方は異なる。利用者が重視する信条や規範などを軽視して無神経な介入方法を採用したり、文化的規範を理解したアセスメントを行わない場合には適切なアセスメントができないことがある（Hepworth, D. ほか＝2015：308）。

　そのため、ソーシャルワーカーは権威的な姿勢で関わるのではなく、わからない点については利用者に率直に訊ねるなど利用者から学ぶ姿勢が必要である（Hepworth, D. ほか＝2015：310）。

　このように利用者や環境のストレングスを評価し、エンパワメントを実践できる情報のとらえ方も重要である。それは利用者の病理や機能不全が強調されたアセスメントになっていないか、利用者のやる気やストレングス、能力を軽視したアセスメントになっていないか、などの点（Hepworth, D. ほか＝2015：310-313）についてソーシャルワーカーとして自問が必要である。

　このような自問が必要な理由は、利用者の事実をとらえていない否定

資　料　183

的な側面だけの理解に留まっているかもしれないと考えるからである。

また支援において、生活課題に取り組む利用者の動機づけに際しても情報のとらえ方は影響する。

例えば、利用者のアンビバレントな感情や複数の発言内容の矛盾、将来への希望と現在の状況の相違などがある場合には、情報のとらえ方を整理し、その相違点や矛盾点を指摘したり、その意識を強化したりする必要があるためである（Hepworth, D. ほか＝ 2015：368）。

このように、ソーシャルワークのアセスメント場面において、「情報」のとらえ方に着目することは利用者理解につながるだけでなく、支援の質を高めることや、支援の選択肢を広げることにつながる。またソーシャルワーカーの偏見や先入観に気づくきっかけにもなるため、自らの支援スキルを高めることにつながるのである。

II. ソーシャルワーカーが活用する多職種連携支援モデル試案

本研究では、多職種連携で活用されている ICT や ICT システムを活用するための、コンピュータ支援ツール試案を作成した。これは、エコシステム構想に基づくエコスキャナーのうち、多職種連携支援版と位置付けている。

「ICT を活用した多職種連携モデル試案（エコスキャナーの多職種連携モデル）」は、ミクロレベルとメゾレベルの支援に着目した。ミクロレベルの支援としては、「利用者とソーシャルワーカーによる協働」の側面と、メゾレベルの支援としては、多職種連携における「チーム・ネットワーク」の側面に分化して、鍵概念および構成子を分化した。

もちろん、これらの構成子だけで、利用者とその多職種連携までを包含するソーシャルワークを説明できる訳でないが、利用者及びソーシャ

ルワーカー、他職種が支援を展開するために、利用者の状況を相互理解するための最大公約数の意味合いとして理解していただきたい。

1 生活コスモス

生活コスモスは、【利用者】と【利用者認識】から構成している。【利用者】は、これまで多職種連携にでも重要なる鍵概念である[5]。本研究では、利用者が自分自身をどのように認識しているかという点に着目する。すなわち、利用者が、自分の生活コスモスを理解するための鍵概念という位置づけである。

この構成子の焦点は、利用者が（他者から理解されづらい）自分の固有な生活コスモスを、どのような構成要素をもとにして認識すれば、他者に理解可能な状態で説明できるかということである。

そして、【利用者】は、《価値観》、《実存性》、《意欲》、《体験》を構成子とした。《価値観》、《実存性》、《意欲》、《体験》は、実存している今の自分をとらえるための構成子である。これらは、利用者が生きている本質に直接、迫ろうとするものではない。あくまでも、「実存している自分を見いだすこと」に主眼を置いており、主観的・感覚的な関心から利用者をとらえようとするものである。

次に【利用者認識】は、利用者とソーシャルワーカーが協働し、利用者自身を認識するための構成子である。そして、【利用者認識】は、《事実認識》、《立場・役割》、《意味づけ》、《生活基盤》から構成している。《事実認識》、《立場・役割》、《意味づけ》、《生活基盤》の事柄は、客観的な情報に着目するのでなく、「利用者に今、起こっていること」を、利用者の実感していることを聞きながら、利用者とソーシャルワーカーが整理するための構成子である。

資　料　185

2　支援方法

　支援方法は、【状況認識】と【支援展開】から構成している。

　【状況認識】は、利用者の生活状況を理解するための鍵概念である。ソーシャルワークとして支援するための、アセスメント状況を確認する構成子である。エコシステム構想によるエコスキャナーの基本ツールにある構成子と関連する[6]。

　そして、【状況認識】は、《尊厳・主体性》、《関係性》、《生活状況》、《統合・再構成》から構成している。これらは、太田が整理しているジェネラル・ソーシャルワークの概念特性を多職種連携への展開を見すえて、4つの構成子に集約したものである。なお、4つに集約したこともあり太田の用語と異なる。

　次に【支援展開】は、アセスメントとプランニング、インターベンションの局面について、ソーシャルワークの支援過程としてどのように進めるか、その展開方法のことである。ジェネラル・ソーシャルワークでは、支援過程が重要な概念である。ソーシャルワークが How to ものとして理解されることもあるが、太田はそれへの警鐘として、支援過程概念を重視している。一過性の支援でなく、局面を蓄積した支援への関心が不可欠である。

　そして、【支援展開】は、《生活課題》、《支援目標》、《サービス》、《支援課題》から構成されている。現状の支援に慢心せずに、支援課題にも着目する。特に多職種連携が必要な状況は、利用者とソーシャルワーカーの協働だけでは、解決できない場合である。そのため、多職種と連携する前に、支援課題にも関心を置くことで、多職種連携へ展開しやすくなると考えている。

図1　多職種連携支援ツールの構成内容

全 体	領 域	分 野	構 成	内 容	
生活支援（多職種連携）	1ミクロ支援	Ⅰ生活コスモス	〔1〕利用者	AA	価値観
				AB	実存性
				AC	意　欲
				AD	体　験
			〔2〕利用者認識	BA	事実認識
				BB	立場・役割
				BC	意味づけ
				BD	生活基盤
		Ⅱ支援方法	〔3〕状況理解	CA	尊厳／主体性
				CB	関係性
				CC	生活状況
				CD	統合／再構成
			〔4〕支援展開	DA	生活課題
				DB	支援目標
				DC	サービス
				DD	支援課題
	2多職種連（メゾ支援）	Ⅲ連携チーム（IPW）	〔5〕連携課題	EA	利用者参加
				EB	課題発見
				EC	課題検討
				ED	課題共有
			〔6〕チーム活動	FA	チーム構成
				FB	カンファレンス
				FC	支援活動
				FD	活動評価
		Ⅳ連携システム	〔7〕NW組織	GA	NW 構成
				GB	私的 NW 組織
				GC	機関 NW 組織
				GD	地域 NW 組織
			〔8〕NW 体制	HA	NW 連携領域
				HB	NW ケア会議
				HC	NW 運営会議
				HD	ICT システム体制

資　料　187

3 連携チーム

次に、多職種連携モデルの右側部分の構成子について述べる。
メゾレベルにおける着目点として、連携チームは、【連携課題】、【チーム活動】から構成している。

まず、【連携課題】は、多職種連携を行う前提として、チームがどのような課題を抱えているかを整理する構成子である。常時、同じメンバーでチームを構成している場合もあるが、在宅の支援チームのように、利用者の生活課題に応じて、メンバー構成が異なるチームもある。そのような場合には、メンバーが常時会えるわけでないため、意思疎通がうまくいかない時もある。

そこで、事前にメンバーが、チームにはどのような課題があるかを考えておくための構成子である。
【連携課題】の構成子には、《利用者参加》、《課題発見》、《課題検討》、《課題共有》から構成している。《利用者参加》は、連携チームとして、利用者参加が可能なことが望ましい。その点を確認する構成子である。《課題発見》、《課題検討》、《課題共有》については、連携チームの特徴によって、事前に生活課題を整理している場合もあれば、チームメンバー全員で、生活課題を探ることから始める場合もある。その点を整理する構成子である。

また、マルチ・ディシプリナリー、インター・ディシプリナリー、トランス・ディシプリナリーなどのチームの形態によっても課題発見・検討・共有の方法は異なるため、いずれの形態であっても入力可能な構成子を選定した。

次に、【チーム活動】は、多職種連携の先行研究では取り上げられている鍵概念である。特に、チーム活動に焦点を当てている文献では、マネジメントやメンバーシップという概念を挙げているものもみられる。

【チーム活動】の構成要素には、《チーム構成》、《カンファレンス》、

《支援活動》、《活動評価》を挙げた。これもマルチ・ディシプリナリー、インター・ディシプリナリー、トランス・ディシプリナリーなどのチームの形態によっても課題発見・検討・共有の方法は異なるため、いずれの形態であっても入力可能な構成子を選定した。

4 連携システム

連携システムは、【ネットワーク組織】、【ネットワーク体制】から構成している。

まず【ネットワーク組織】は、インタープロフェッショナルの焦点となる。地域で多職種連携チームを展開する場合には、どのような組織・機関が参加したネットワークがあるかに着目することが重要である。

最近では、「face to face」の連携だけでなく、インターネットを活用した情報のやりとりが普及しているため、そのやりとりを行う組織に着目した。

【ネットワーク組織】は、《ネットワーク構成》、《私的ネットワーク組織》、《機関ネットワーク組織》、《地域ネットワーク組織》から構成している。

フォーマルなネットワークだけでは、量的な問題もあり、利用者の生活を支えることができない。

そこで、インフォーマルなネットワークを活用することが支援には欠かせない。さらには、厚生労働省が提案している地域包括ケアシステムのように、私的ネットワーク、専門職による機関ネットワーク組織、これらを包括する地域ネットワークを重層的に組織することが当面の目標となるであろう。

次に、【ネットワーク体制】は、私的ネットワーク、機関ネットワーク、地域ネットワークがどのようにつながり、情報交換を行っているか、またその体制に着目した構成子である。これらのネットワーク体制

資　料　189

は、自治体によって異なるのが実際である。

　例えば、地域のつながりの強弱、保健・医療・福祉の専門機関のネットワークの有無、構成されたネットワークの差など、どの自治体も一様ではない。この構成子はこの点を認識するために編成している。

　また、【ネットワーク体制】は、《ネットワーク連携領域》、《ネットワークケア会議》、《ネットワーク運営会議》、《ICT システム体制》から構成している。

　これらの構成子は、上述した自治体ごとの特性について、領域、課題協議、ネットワークの運営、ICT システムの活用状況から認識するものである。

表　多職種連携ツールの構成子

AA　価値観

①	利用者の関心	（価値・倫理）	あなたは、利用者の考え方を支援チームのメンバーと共有することに関心がありますか
②	利用者の理解	（目的・意義）	あなたは、利用者の考え方や行動を詳細に理解していますか
③	情報の共有	（知識・方策）	あなたは、あなたが理解している利用者の考え方や行動の情報を支援チームのメンバーに伝えていますか
④	支援の反映	（方法・展開）	利用者の考え方や行動を活かした支援計画ですか

AB　実存性

①	固有性への関心	（価値・倫理）	あなたは、利用者の固有性（個別性）を支援チームのメンバーと共有することに関心がありますか
②	固有な情報理解	（目的・意義）	あなたは、利用者の固有な（個別的な）情報を理解していますか
③	固有な情報共有	（知識・方策）	あなたは、あなたが理解している利用者の固有な（個別的な）情報を支援チームのメンバーに伝えていますか
④	個別的な支援	（方法・展開）	利用者に添ったきめ細かな支援計画ですか

AC　意欲

①	意欲への関心	（価値・倫理）	あなたは、利用者の意欲や態度を支援チームのメンバーと共有することに関心がありますか
②	意欲の理解	（目的・意義）	あなたは、利用者の意欲や態度を正確に理解していますか
③	意欲の共有	（知識・方策）	あなたは、利用者の意欲や態度の情報を支援チームのメンバーと共有していますか
④	意欲の反映	（方法・展開）	利用者の意欲を反映した支援計画ですか

資　料

AD　体験

① 生活経験への関心	（価値・倫理）	あなたは、利用者のこれまでの生活歴や生活経験を支援チームのメンバーと共有することに関心がありますか
② 生活経験の把握	（目的・意義）	あなたは、利用者の生活歴や生活経験を正確に把握していますか
③ 生活経験の共有	（知識・方策）	あなたは、利用者の生活歴や生活経験を支援チームのメンバーと共有していますか
④ 生活経験の反映	（方法・展開）	利用者の生活歴や生活経験を反映した支援計画ですか

BA　事実認識

① 事実認識への関心	（価値・倫理）	あなたは、利用者の発言内容を支援チームのメンバーと共有することに関心がありますか
② 事実認識への理解	（目的・意義）	あなたは、利用者の発言内容を正確に理解していますか
③ 事実認識の共有	（知識・方策）	あなたは、利用者の発言内容を支援チームのメンバーと共有していますか
④ 事実認識の反映	（方法・展開）	利用者自身の発言内容を反映した支援計画ですか

BB　立場・役割

① 立場・役割への 関心	（価値・倫理）	あなたは、（家庭および地域における）利用者の立場や役割を支援チームのメンバーと共有することに関心がありますか
② 立場・役割の理解	（目的・意義）	あなたは、（家庭および地域における）利用者の立場や役割を正確に理解していますか
③ 立場・役割の確認	（知識・方策）	あなたは、あなたが理解している（家庭および地域における）利用者の立場や役割を支援チームのメンバーに伝えていますか
④ 立場・役割の反映	（方法・展開）	（家庭および地域における）利用者の立場や役割を反映した支援計画ですか

BC　意味づけ

① 意味づけへの 関心	（価値・倫理）	あなたは、利用者と話し合ったことを支援チームのメンバーと共有することに関心がありますか
② 意味づけの理解	（目的・意義）	あなたは、利用者と話し合いながら、生活状況を確認していますか
③ 意味づけの共有	（知識・方策）	あなたは、あなたが利用者と話し合ったことを支援チームのメンバーに伝えていますか
④ 意味づけの反映	（方法・展開）	利用者と話し合った結果を反映した支援計画ですか

資　料　193

BD　生活基盤

① 生活基盤への 関心	（価値・倫理）	あなたは、利用者の生活を支える基盤（人的・経済的・社会的）を支援チームのメンバーと共有することに関心がありますか
② 生活基盤の理解	（目的・意義）	あなたは、利用者の生活を支える基盤（人的・経済的・社会的）を把握していますか
③ 生活基盤の共有	（知識・方策）	あなたは、あなたが理解した利用者の生活を支える基盤（人的・経済的・社会的）を支援チームのメンバーに伝えていますか
④ 生活基盤の反映	（方法・展開）	利用者の生活基盤を活用した支援計画ですか

CA　尊厳／主体性

① 尊厳／主体性への 関心	（価値・倫理）	あなたは、利用者の尊厳と主体性の重要性について支援チームのメンバーと共有することに関心がありますか
② 尊厳／主体性への尊重	（目的・意義）	あなたは、利用者の尊厳と主体性を尊重していますか
③ 尊厳／主体性の確認	（知識・方策）	あなたは、利用者の尊厳と主体性の大切さを支援チームのメンバーに伝えていますか
④ 尊厳／主体性の重視	（方法・展開）	利用者の尊厳と主体性を重視した支援計画ですか

CB　関係性

① 人間関係の共有	（価値・倫理）	あなたは、利用者の人間関係を支援チームのメンバーと共有することに関心がありますか
② 人間関係の理解	（目的・意義）	あなたは、利用者の人間関係を理解していますか
③ 人間関係の確認	（知識・方策）	あなたは、あなたが理解した利用者の人間関係の情報を、支援チームのメンバーに伝えていますか
④ 人間関係の活用	（方法・展開）	利用者の人間関係を活用した支援計画ですか

CC　生活状況

① 生活状況の共有	（価値・倫理）	あなたは、利用者の生活状況を支援チームのメンバーと共有することに関心がありますか
② 生活状況の理解	（目的・意義）	あなたは、利用者の生活状況を正確に理解していますか
③ 生活状況の確認	（知識・方策）	あなたは、あなたが理解した利用者の生活に直結する情報を支援チームのメンバーに伝えていますか
④ 生活状況の反映	（方法・展開）	支援チームのメンバーと共有した「利用者の生活状況」をもとにした支援計画ですか

資　料　195

CD　統合／再構成

① 情報の分析・整理	（価値・倫理）	あなたは、利用者の多様な情報を支援チームのメンバーと共同して整理・分析することに関心がありますか
② 情報の理解	（目的・意義）	あなたは、利用者の多様な情報を正確に理解していますか
③ 情報の共有	（知識・方策）	あなたは、利用者の多様な情報を支援チームのメンバーと共同して整理・分析していますか
④ 情報の再構成	（方法・展開）	支援チームのメンバーと分析・整理した内容をもとにした支援計画ですか

DA　生活課題

① 生活課題への関心	（価値・倫理）	あなたは、利用者の生活課題を支援チームのメンバーと共有することに関心がありますか
② 生活課題の理解	（目的・意義）	あなたは、利用者の生活課題を正確に理解していますか
③ 生活課題の共有	（知識・方策）	あなたは、利用者の生活課題を支援チームのメンバーと共有していますか
④ 生活課題の解決	（方法・展開）	支援チームのメンバーと共有した利用者の生活課題をもとにした支援計画ですか

DB　支援目標

① 支援目標への関心	（価値・倫理）	あなたは、支援目標をチームメンバーと共有することに関心がありますか
② 支援目標の根拠	（目的・意義）	あなたは、支援目標の根拠・理由を理解していますか
③ 支援目標の共有	（知識・方策）	あなたは、支援目標を支援チームのメンバーと共有していますか
④ 支援目標の設定	（方法・展開）	支援チームのメンバーと共有して支援目標を設定していますか

DC　サービス

① サービスへの関心	（価値・倫理）	あなたは、利用者が利用できる保健医療福祉サービスを支援チームのメンバーと共有することに関心がありますか
② サービスの理解	（目的・意義）	あなたは、利用者が利用できる保健医療福祉サービスを正確に理解していますか
③ サービスの共有	（知識・方策）	あなたは、利用者が利用できる保健医療福祉サービスを支援チームのメンバーと共有していますか
④ サービスの利用方法	（方法・展開）	利用者や家族が保健医療福祉サービスの手続きや利用方法を理解していますか

DD　支援課題

① トラブルへの関心	（価値・倫理）	あなたは、支援に関するリスクやトラブルを支援チームのメンバーと共有することに関心がありますか
② トラブルの理解	（目的・意義）	あなたは、支援に関するリスクやトラブルを正確に理解していますか
③ トラブルの共有	（知識・方策）	あなたは、支援に関するリスクやトラブルを支援チームのメンバーと共有していますか
④ トラブルの解決方法	（方法・展開）	支援に関するリスクやトラブルを解決する方法について支援チームのメンバーと共有していますか

EA　利用者参加

① 利用者参加への関心	（価値・倫理）	支援チームに利用者や家族が参加することに関心がありますか
② 利用者参加の意義	（目的・意義）	支援チームのメンバーは、利用者参加の重要性を理解していますか
③ 利用者参加の方法	（知識・方策）	支援チームのメンバーは、支援活動に利用者が参加できるアイデアを持っていますか
④ 利用者参加の反映	（方法・展開）	支援チームは、支援活動に利用者が自ら取り組む内容を支援計画に反映していますか

EB　課題発見

① 連携課題への関心	（価値・倫理）	あなたは、支援チームが抱える連携上の課題（多職種の連携が十分でない場合がある）に関心がありますか
② 連携課題の意義	（目的・意義）	あなたは、連携上の課題を正確に理解していますか
③ 連携課題の確認	（知識・方策）	あなたは、自分が気になる連携上の課題を支援チームのメンバーに伝えていますか
④ 連携課題の協議	（方法・展開）	あなたが気づいた連携上の課題を支援チーム内で話し合うことができますか

EC　課題検討

① 連携課題検討の関心	（価値・倫理）	あなたは、連携上の課題（多職種の連携が十分でない部分がある）を支援チームで検討することに関心がありますか
② 連携課題検討の意義	（目的・意義）	あなたは、連携上の課題を検討する意義や理由を理解していますか
③ 連携課題検討の確認	（知識・方策）	あなたは、連携上の課題を検討しなければいけないことを支援チームのメンバーに伝えていますか
④ 連携課題の検討	（方法・展開）	あなたが気づいた連携上の課題を支援チーム内で具体的に検討できますか

ED 課題共有

① 連携課題解決の 関心	（価値・倫理）	あなたは、連携上の課題（多職種の連携が十分でない部分がある）を解決することに関心がありますか
② 連携課題解決の 意義	（目的・意義）	あなたは、連携上の課題を解決するための取り組みを理解していますか
③ 連携課題解決の 共有	（知識・方策）	あなたは、支援チームのメンバーと連携上の課題の解決方法を共有していますか
④ 連携課題解決の 取組	（方法・展開）	あなたは、連携上の課題を共有し、支援チームとして解決に向けて取り組んでいますか

FA　チーム構成

① チーム構成への 関心	（価値・倫理）	あなたは、支援チームの構成メンバーに関心がありますか
② チーム構成の意義	（目的・意義）	あなたは、多職種チームの意義を理解していますか
③ チーム構成の理解	（知識・方策）	支援チームは、多職種によるチーム構成に理解がありますか
④ チーム構成の実際	（方法・展開）	支援チームは、多職種によるチーム構成ですか

FB　カンファレンス

① カンファレンスへの関心	（価値・倫理）	あなたは、カンファレンスの重要性に関心がありますか
② カンファレンスの意義	（目的・意義）	あなたは、カンファレンスの意義を理解していますか
③ カンファレンス時の共有	（知識・方策）	支援チームは、カンファレンスで話し合い、支援に関する情報を共有していますか
④ カンファレンスの活用	（方法・展開）	支援チームは、カンファレンスを効果的に活用していますか

FC　支援活動

① 支援活動への関心	（価値・倫理）	あなたは、多職種による支援活動に関心がありますか
② 支援活動の意義	（目的・意義）	あなたは、多職種による支援活動の意義を理解していますか
③ 支援活動の体制	（知識・方策）	支援チームでは、多職種による支援活動を行う体制がありますか
④ 支援活動の展開	（方法・展開）	支援チームでは、多職種による支援活動を効果的に展開できていますか

FD　活動評価

① 活動評価への関心	（価値・倫理）	あなたは、支援活動の成果に関心がありますか
② 活動評価の意義	（目的・意義）	あなたは、スキルアップのために支援活動を評価しなければならないことを理解していますか
③ 活動評価の体制	（知識・方策）	支援チームには、支援活動の評価を実施する体制がありますか
④ 活動評価の実際	（方法・展開）	支援チームでは、支援活動の評価ができますか

GA NW 構成

① NW 構成への関心	（価値・倫理）	あなたは、利用者を支える多様な支援ネットワークを構成することに関心がありますか
② NW 構成の意義	（目的・意義）	あなたは、利用者を支える多様な支援ネットワークの重要性を理解していますか
③ NW 構成の体制	（知識・方策）	支援チームは、利用者を支える多様な支援ネットワークとつながっていますか
④ NW 構成の実際	（方法・展開）	支援チームは、利用者を支える多様な支援ネットワークを活用できますか

GB　私的 NW 組織

① 私的 NW への 関心	（価値・倫理）	あなたは、支援チームと連携で きるインフォーマルな支援ネッ トワークに関心がありますか
② 私的 NW の意義	（目的・意義）	あなたは、インフォーマルな支 援ネットワークの重要性を理解 していますか
③ 私的 NW の体制	（知識・方策）	支援チームは、インフォーマル な支援ネットワークとつながっ ていますか
④ 私的 NW の活用	（方法・展開）	支援チームは、インフォーマル な支援ネットワークを活用でき ますか

GC　機関 NW 組織

① 機関 NW への 関心	（価値・倫理）	あなたは、支援チームと連携で きる保健医療福祉機関の支援 ネットワークに関心があります か
② 機関 NW の意義	（目的・意義）	あなたは、保健医療福祉機関の 支援ネットワークの重要性を理 解していますか
③ 機関 NW の体制	（知識・方策）	支援チームは、保健医療福祉機 関の支援ネットワークとつな がっていますか
④ 機関 NW の活用	（方法・展開）	支援チームは、保健医療福祉機 関の支援ネットワークを活用で きますか

GD　地域 NW 組織

① 地域 NW への 関心	（価値・倫理）	あなたは、支援チームと連携できる地域の支援ネットワークに関心がありますか
② 地域 NW の意義	（目的・意義）	あなたは、地域の支援ネットワークの重要性を理解していますか
③ 地域 NW の体制	（知識・方策）	支援チームは、地域の支援ネットワークとつながっていますか
④ 地域 NW の活用	（方法・展開）	支援チームは、地域の支援ネットワークを活用できますか

HA　NW 連携領域

① NW 連携領域への 関心	（価値・倫理）	あなたは、利用者に関わる多様な支援ネットワークの領域について関心がありますか
② NW 連携領域の 理解	（目的・意義）	あなたは、利用者に関わる多様な支援ネットワークの領域を理解していますか
③ NW 連携領域の 意識	（知識・方策）	支援チームのメンバーは、多様な支援ネットワークの領域を意識していますか
④ NW 連携の活用	（方法・展開）	支援チームは、多様な支援ネットワークの活用領域を活かすことができますか

HB　NWケア会議

① NW ケア会議への関心	（価値・倫理）	あなたは、支援ネットワークのケア会議に関心がありますか
② NW ケア会議の特徴	（目的・意義）	あなたは、支援ネットワークのケア会議の特徴を理解していますか
③ NW ケア会議への参加	（知識・方策）	支援チームは、利用者支援に向けた支援ネットワークのケア会議に参加していますか
④ NW ケア会議の活用	（方法・展開）	支援チームは、利用者支援に向けた支援ネットワークのケア会議を活用していますか

HC　NW運営会議

① NW 運営会議への関心	（価値・倫理）	あなたは、利用者に関わる多様な支援ネットワークの現状に関心がありますか
② NW 運営会議の現状	（目的・意義）	あなたは、利用者に関わる多様な支援ネットワークの現状を理解していますか
③ NW 運営会議の課題	（知識・方策）	支援チームは、多様な支援ネットワークの課題を話し合っていますか
④ NW 運営会議の改善	（方法・展開）	支援チームは、多様な支援ネットワークの課題を改善していますか

資　料　205

HD　ICTシステム体制

① ICTシステムへの 関心	（価値・倫理）	あなたは、ICTのネットワーク（ICTシステム）を活用することに関心がありますか
② ICTシステムの 特徴	（目的・意義）	あなたは、ICTシステムの特徴を理解していますか
③ ICTシステムへの 理解	（知識・方策）	支援チームは、ICTシステムを効果的に利用できる知識を持っていますか
④ ICTシステムの 活用	（方法・展開）	支援チームは、ICTシステムを利用して支援を効果的に展開できていますか

注

1） Johnson, L, C. and Yanca, S., J., (2001) *Social work Practice: A Generalist Approach*, 7th ed., Allyn and Bacon.（= 2004, 山辺朗子・岩間伸之訳『ジェネラリスト・ソーシャルワーク』中央法規出版）。

2） Dorfman, R, A., (1996) *Clinical Social Work*, Brunner/Mazel.（= 1999, 西尾祐吾・上續宏道訳、『臨床ソーシャルワーク：定義、実践そしてビジョン』相川書房。

3） Hepworth, D., Rooney, R. H., Larsen, J.A., (2006) *Direct social work practice: Theory and Skills*, 8th ed., Brooks/Cole.（= 2015, 北島英治・澁谷昌文・平野直己・藤林慶子・山野典子監訳『ダイレクト・ソーシャルワークハンドブック―対人支援の理論と技術―』明石書店）。

4） Meyer, C, H., (1993) *Assessment in Social Work Practice*, Columbia University Press.

5） 利用者や患者についてはエコシステム構想のみならず、多職種連携でも重要な鍵概念である。例えば、以下のような文献であげられている。

　Meads, G., Ashcroft, J., Barr, H., Scott, R., Wild, A., (2005) *The Case for Interprofessional Collaboration: In Health and Social Care: Promoting Partnership for Health*, Wiley-Blackwell, 32.

　Horder, J., Leathard, A., (2003) *Interprofessional Collaboration: From Policy to Practice in Health and Social Care*, Routledge, 34-35.

6) エコシステム構想の基本ツールについては、太田義弘・中村佐織・石倉宏和編（2005）『ソーシャルワークと生活支援方法のトレーニング』中央法規出版を参照意いただきたい。

参考文献

書籍

浅野仁『高齢者福祉の実証的研究』川島書店 1992 年

浅野仁編『高齢者のソーシャルワーク実践』川島書店 1995 年

浅野仁監修・浅野ゼミナール福祉研究会編『福祉実践の未来を拓く―実践現場からの提言―』中央法規出版 2008 年

アプテカー、H. H.（坪上宏訳）『ケースワークとカウンセリング』誠信書房 1964 年

阿部志郎・前川喜平編『ヒューマンサービスの構築に向けて』中央法規出版 2010 年

荒川義子『スーパービジョンの実際―現場におけるその展開プロセス』川島書店 1991 年

生田正幸『社会福祉情報論へのアプローチ』ミネルヴァ書房 1999 年

石井威望・小林登・清水博・村上陽一郎編『ミクロコスモスへの挑戦』中山書店 1984 年

石盛真徳『コミュニティ意識と地域情報化の社会心理学』ナカニシヤ出版 2010 年

伊藤淑子『社会福祉職発達史研究―米英日三カ国比較による検討―』ドメス出版 1996 年

岩間伸之『ソーシャルワークにおける媒介実践論研究』中央法規出版 2000 年

岩間伸之『支援困難事例へのアプローチ』メディカルレビュー社 2008 年

大島侑監修『高齢者福祉論』ミネルヴァ書房 1999 年

太田貞司編集代表・杉崎千洋・金子努・小野達也編『医療制度改革と地域ケア―急性期病院から慢性期病院、そして、地域・在宅へ―』光生館 2009 年

太田貞司編集代表・朝倉美江・太田貞司『地域包括ケアシステムとその変革主体―市民・当事者と地域ケア―』光生館 2010 年

太田貞司編集代表・太田貞司・森本佳樹編『地域包括ケアシステム―その考え方と課題―』光生館 2010 年

太田貞司編『大都市の地域包括ケアシステム』光生館 2012 年

太田義弘・佐藤豊道編『ソーシャルワーク―過程とその展開―』海声社 1984 年

太田義弘『ソーシャル・ワーク実践とエコシステム』誠信書房 1992 年

太田義弘『ジェネラル・ソーシャルワーク―社会福祉援助技術総論―』光生館 1999 年

太田義弘編『ソーシャルワーク実践と支援過程の展開』中央法規出版 1999 年

太田義弘・中村佐織・石倉宏和編『ソーシャルワークと生活支援方法のトレーニング─利用者参加へのコンピュータ支援─』中央法規出版 2005 年

太田義弘編『ソーシャルワーク実践と支援科学─理論・方法・支援ツール・生活支援過程─』相川書房 2009 年

大利一雄『グループワーク─理論とその導き方─』勁草書房 2003 年

大渕修一監修・小島基永・小島操・池田恵理子・川端伸子・山田知令『わかりやすい！地域包括支援センター事業サポートブック』財団法人東京都高齢者研究・福祉振興財団 2006 年

大渕修一『高齢者虐待対応・権利擁護実践ハンドブック』法研 2008 年

小笠原浩一・島津望『地域医療・介護のネットワーク構想』千倉書房 2007 年

岡田正・高橋三吉・藤原正敏編『ネットワーク社会における情報の活用と技術　三訂版』実教出版 2010 年

岡田朋子『支援困難事例の分析調査─重複する生活課題と政策のかかわり─』ミネルヴァ書房 2010 年

岡村重夫『地域福祉論 社会福祉選書 1』光生館 1974 年

岡村重夫・高田真治・船曳宏保『社会福祉の方法』勁草書房 1979 年

岡本民夫『ケースワーク研究』ミネルヴァ書房 1973 年

岡本令子編『対応困難な事例に学ぶケアマネジメント─質評価の視点とともに─』医学書院 2003 年

奥田いさよ『社会福祉職専門職性の研究─ソーシャルワーク史からのアプローチ：わが国での定着化を目指して─』川島書店 1992 年

尾崎新編『「ゆらぐ」ことのできる力』誠信書房 1999 年

小野哲郎『ケースワークの基本問題』川島書店 1986 年

川田誉音編『グループワーク─社会的意義と実践─』海声社 1990 年

川村隆彦『価値と倫理を根底に置いたソーシャルワーク演習』中央法規出版 2002 年

久保紘章『自立のための援助論』川島書店 1988 年

久保紘章『ソーシャルワーク─利用者へのまなざし─』相川書房 2004 年

久保紘章『ソーシャルワーク─当事者へのまなざし─』相川書房 2004 年

小尾敏夫・岩崎尚子『超高齢社会対策への ICT 活用事例─ ICT Applications for Ageing Society ─』早稲田大学アジア太平洋研究センター 2010 年

コックス、E. O. and パーソンズ、R. J.（小松源助監訳）『高齢者エンパワーメントの基礎─ソーシャルワーク実践の発展を目指して─』相川書房 1997 年

小松啓『在宅支援の困難事例と対人援助技法』萌文社 2007 年

小松源助『ソーシャルワーク理論の歴史と展開』川島書店 1993 年

埼玉県立大学編『IPW を学ぶ─利用者中心の保健医療福祉連携─』中央法規出版 2009 年

佐藤豊道『ジェネラリスト・ソーシャルワーク研究』川島書店 2001 年

塩村公子『ソーシャルワーク・スーパービジョンの方法』中央法規出版 2000 年

白澤政和『ケースマネジメントの理論と実際―生活を支える援助システム―』中央
　　法規出版 1997 年

白澤政和『介護保険とケアマネジメント』中央法規出版 1998 年

白澤政和『地域のネットワークづくりの方法―地域包括ケアの具体的な展開―』中
　　央法規出版 2013 年

清水隆則・田辺毅彦・西尾祐吾編『ソーシャルワーカーにおけるバーンアウト』中
　　央法規出版 2002 年

ジャーメイン、C. B.（小島蓉子編訳）『エコロジカル　ソーシャルワーク―カレル・
　　ジャーメイン名論文集―』学苑社 1992 年

社団法人日本社会福祉士会編『地域包括支援センター　ソーシャルワーク実践事例
　　集』中央法規出版 2009 年

社団法人日本社会福祉士会編『高齢者虐待対応ソーシャルワークモデル実践ガイド』
　　中央法規出版 2009 年

ショーン、D. A.（佐藤学・秋田喜代美訳）『専門家の知恵―反省的実践家は行為しな
　　がら考える―』ゆみる出版 2001 年

ジョンソン、L. C. And ヤン、S. J.（山辺朗子・岩間伸之訳）『ジェネラリスト・ソー
　　シャルワーク』ミネルヴァ書房 2004 年

鈴木孝子『社会構成アプローチと家族援助』川島書店 1999 年

ゼックミスタ、E. B.・ジョンソン、J. E.（宮元博章・道田泰司・谷口高士・菊池聡訳）
　　『クリティカルシンキング　入門編』北大路書房 1996 年

ソーシャルワーカーの交渉術編集委員会『チームケアを成功に導くソーシャルワー
　　カーの交渉術』日本医療企画 2006 年

ターナー、F. J. 編（米本秀仁監訳）『ソーシャルワーク・トリートメント　上』中央
　　法規出版 1999 年

ターナー、F. J. 編（米本秀仁監訳）『ソーシャルワーク・トリートメント　下』中央
　　法規出版 1999 年

高田真治『アメリカ社会福祉論』海声社 1986 年

高森敬久・高田真治・加納恵子・定藤丈弘『コミュティ・ワーク―地域福祉の理論
　　と方法―』海声社 1989 年

竹内愛二『社会福祉の哲学』相川書房 1979 年

武田健・荒川義子編著『臨床ケースワーク』川島書店 1986 年

ドルフマン、R. A.（西尾祐吾・上續宏道共訳）『臨床ソーシャルワーク―定義、実践
　　そしてビジョン―』相川書房 1999 年

中園康夫『援助関係の基礎理論―ケースワーク・カウンセリング・ノーマリーゼー
　　ションを考える―』相川書房 1996 年

中村和彦『エコシステム構想によるソーシャルワーク実践教育の展開―精神保健ソー

シャルワーカー養成と包括・統合ソーシャルワーク―』北大路書房 2009 年

中村佐織『ソーシャルワーク・アセスメント―コンピュータ教育支援ツールの研究
　　―』相川書房 2002 年

仲村優一『仲村優一社会福祉著作集第 4 巻　社会福祉の方法―ケースワークをめぐ
　　る諸問題』旬報社 2002 年

仲村優一・窪田暁子・岡本民夫・太田義弘編『戦後社会福祉の総括と 21 世紀への展
　　望Ⅳ 実践方法と援助技術』ドメス出版 2002 年

中村雄二郎『臨床の知とは何か』岩波書店 1992 年

西尾祐吾編『保健・福祉におけるケースカンファレンスの実践』中央法規出版 1998
　　年

西尾祐吾・橘高通泰・熊谷忠和『ソーシャルワークの固有性を問う―その日本的展
　　開をめざして―』晃洋書房 2005 年

日本弁護士連合会高齢者・障害者の権利に関する委員会編『高齢者虐待防止法活用
　　ハンドブック』民事法研究会 2005 年

野上文夫『高齢者福祉政策と実践の展開―地域ネットワークの視点から―』中央法
　　規出版 1995 年

野中猛『図説ケアマネジメント』中央法規出版 1997 年

野中猛『図説　ケアチーム』中央法規出版 2007 年

野中猛監修『支援困難ケアマネジメント事例集』日総研出版 2009 年

パーソンズ、T.（武田良三監訳・丹下隆一・清水英利・小尾健二・長田攻一・川越次
　　郎訳）『新版　社会構造とパーソナリティ』新泉社 2001 年

バートレット、H. M.（小松源助訳）『社会福祉実践の共通基盤』ミネルヴァ書房
　　1978 年

バイステック、F. P.（尾崎新・福田俊子・原田和幸訳）『ケースワークの原則（新訳
　　版）』誠信書房 1996 年

バックレイ、W.（新睦人・中野秀一郎訳）『一般社会システム論』誠信書房 1980 年

ビックス、S., フィリップマン、C., キングストン、P.（鈴木真理子監訳・青梅恵子訳）
　　『ソーシャルワーク虐待論―ソーシャルワークからの多角的視点―』筒井書房
　　2001 年

ブトゥリム、Z. T.（川田誉音訳）『ソーシャルワークとは何か―その本質と機能―』
　　川島書店 1986 年

ブロンフェンブレンナー、U.（磯貝芳郎・福富護訳）『人間発達の生態学』川島書店
　　1996 年

ベルタランフィ、L. V.（長野敬・太田邦昌訳）『一般システム理論』みすず書房 1973
　　年

ホルト、B. J.（白澤政和監訳）『相談援助職のためのケースマネジメント入門』中央
　　法規出版 2005 年

マートン、R. K.（森東吾・森好夫・金沢実・中島竜太郎訳）『社会理論と社会構造』みすず書房 1961 年

マクスリー、D. P.（野中猛・加藤裕子監訳）『ケースマネジメント入門』中央法規出版 1994 年

マグワイア、L.（小松源助・稲沢公一訳）『対人援助におけるソーシャルサポートシステム』川島書店 1994 年

丸田一・國領二郎・公文俊平編『地域情報化認識と設計』NTT 出版 2006 年

御前由美子『ソーシャルワークによる精神障害者の就労支援―参加と協働の地域生活支援―』明石書店 2011 年

ミラー、S. D., バーグ、I. K.（白木孝二監訳）『ソーリューション・フォーカス・アプローチ―アルコール問題のためのミラクル・メソッド―』金剛出版 2000 年

森本佳樹『地域福祉情報論序説』川島書店 1996 年

安井理夫『実存的・科学的ソーシャルワーク―エコシステム構想にもとづく支援技術―』明石書店 2009 年

湯浅良雄・坂本世津夫・雀英靖編『地域情報化の課題―地域に根ざした情報化の可能性―』晃洋書房 2004 年

吉川悟編『システム論からみた援助組織の協働―組織のメタ・アセスメント―』金剛出版 2009 年

吉田民人『情報と自己組織性の理論』東京大学出版会 1990 年

リッチモンド、M. E.（小松源助訳）『ソーシャル・ケース・ワークとは何か』中央法規出版 1991 年

Derezotes, D. S., *Advanced Generalist Social Work Practice*, Sage Publications, 2000.

Dolgoff, D., Loewenberg, F., M. Harrington, D., *Ethical Decision for Social Work Practice*, 7th ed., Brook/Cole, 2005.

Johnson, L, C. and Yanca, S. J., *Social Work Practice: A Genetarist Approach*, 7th ed., Ally and Bacon, 2001.

Germain, C. B. and Gitterman, A., *The Life Model of Social Work Practice*, 2nd ed., Columbia University Press, 1996.

Gutierrez, L., Parsons, R. J. and Cox, E. O., *Empowerment in Social Work Practice: A Source Book*, Brooks /Cole Pub, 1998.

Hepworth, D., Rooney, R. H., Larsen, J.A., *Direct social work practice: Theory and Skills*, 5th ed., Brooks/Cole, 2002.

Hill, A. and Shaw. I., *Social Work and ICT*, SAGE Publications, 2011.

McDonald, D., *Social Work with Older People*, Polity, 2010.

McMahon, M.O., *The General Method of Social Work Practice: A Generalist Perspective*, 3rd ed., Ally and Bacon, 1996.

Meyer, C. H. ed., *Clinical Social Work in the Ecosystem Perspective*, Columbia University Press, 1983.

Meyer, C. H., *Assessment in Social Work Practice*, Columbia University Press, 1993.

Miley, K. K., O'Melia, M. and DuBois, B. L., *Generalist Social Work Practice: An Empowerring Approach*, Ally and Bacon, 1998.

Pincus, A. and Minahan, A., *Social Work Practice: Model and Method*, F. E. Peacock, 1973.

Pourciau, L. J., *Ethics and Electronic Information in the Twenty-First Century*, Purdue University Press, 1999.

Reamer, F. G., *Social work values and ethics*, Columbia University Press, 1999.

Roberts, A. R. and Yeager. K. R. ed., *Evidence-Based Practice Manual: Reasearch and Outcome Measures in Health and Human Service*, Oxford University Press, 2004.

Saleebey, D. ed., *The Strengths Perspective in Social work Practice*, 4th ed., Ally and Bacon, 2006.

Sheafor, B. W., Horejsi, C. R. and Horejsi, G. A., *Techques and Guidelines for Social work Practice*, 4th ed., Ally and Bacon, 1997.

Soothill, K., Mackay, L. and Webb, C., *Interprofessional Relations in Health Care*, Edward Arnold, 1995.

論文・報告書等 ※報告書のうちで冊子になっているものはページを記載していません。

秋山薊二「ソーシャルワークの理論モデル再考―統合モデルの理論背景、実践過程の特徴、今後の課題―」『ソーシャルワーク研究』21（3）相川書房 1995年 161-162頁

石田敦「ソーシャルワーク実践における倫理的葛藤の問題」『社会福祉研究』64 1995年 103-108頁

池川清子・田村由美・工藤桂子「今、世界が向かうインタープロフェッショナル・ワークとは―21世紀型ヘルスケアのための専門職職種間連携への道 第3部：Inter-Professional 教育と実践の動向」『Quality Nursing』5（3）1999年 53-58頁

太田義弘「ソーシャル・ワーク実践へのエコシステムの課題」『ソーシャルワーク研究』16（2）1990年 80-85頁

太田義弘・溝渕淳・黒田隆之「支援ツールの意義と方法」『ソーシャルワーク研究』26（4）2001年 279-288頁

太田義弘「支援科学としてのソーシャルワーク実践と方法」『ソーシャルワーク研究』28（2）2002年 33-45頁

太田義弘「ソーシャルワーク実践研究とエコシステム構想の課題」『龍谷大学社会学部紀要』20 2002年 1-16頁

太田義弘「ソーシャルワークの臨床的展開とエコシステム構想」『龍谷大学社会学部紀要』22 2003 年 1-17 頁

太田義弘・野澤正子・中村佐織・坂口晴彦・（研究協力者）長澤真由子・西梅幸治・山口真里「ソーシャルワーク実践へのエコスキャナー開発の研究—支援ツールを用いたスキル訓練の方法—」『龍谷大学国際社会文化研究所紀要』7 2005 年 105-141 頁

太田義弘・小榮住まゆ子「高齢者に対する生活支援過程考察の意義—ケアマネジメントの実態調査を通じて—」『関西福祉科学大学紀要』9 2005 年 1-18 頁

太田義弘「社会福祉政策からソーシャルワークへ—建前としての社会福祉と本音のソーシャルワーク—」『関西福祉科学大学紀要』11 2008 年 107-122 頁

太田義弘「臨床福祉学への序説：Clinical Social Work のアイデンティティ」『関西福祉科学大学総合福祉科学研究』1 2010 年 17-30 頁

太田義弘・安井理夫・小榮住まゆ子「高度専門職としてのソーシャルワーク実践の役割と課題」『関西福祉科学大学紀要』13 2010 年 1-18 頁

太田義弘・西梅幸治「エコシステム構想をめぐる手法と支援ツール：ソーシャルワーク実践へのチャレンジ」『総合福祉科学研究』2 2011 年 1-14 頁

川田誉音「ソーシャルワーク過程—「生の過程」と「援助の過程—」『四国学院大学論集』39 1977 年 95-118 頁

岡本民夫「社会福祉専門性・専門職制度をめぐる背景と課題」『社会福祉研究』66 鉄道弘済会 1996 年 107-113 頁

沖田佳代子「ケアマネジメントにおける倫理的ディレンマの経験に関する研究」『社会福祉実践理論研究』11 2002 年 1-9 頁

沖田佳代子「高齢者ケアマネジメントにおける倫理的意思決定—ソーシャルワークにおける道徳的推論の適用に関する議論からの一考察—」『社会福祉学』42（2）2002 年 150-159 頁

菊地和則「多職種チームの３つのモデル—チーム研究のための基本的概念整理—」『社会福祉学』39（2）1999 年 273-290 頁

菊地和則「多職種チームとは何か」石鍋圭子・野々村典子・半田幸代編『リハビリテーション看護におけるチームアプローチ』医歯薬出版 2002 年 2-15 頁

菊地和則「多職種チームのコンピテンシー」『社会福祉学』44（3）2004 年 23-31 頁

菊池信子「ジェネラル・ソーシャルワークにおける家族支援アプローチ」『人間科学科紀要』2 神戸親和女子大学 2006 年 49-55 頁

北島英治・副田あけみ・高橋重宏・渡部律子編『ソーシャルワーク実践の基礎理論』有斐閣 2002 年 73-74 頁

城戸裕子「介護老人福祉施設で働く専門職の連携の意識—福祉サービス第三者評価を通して—」『山梨県立大学人間福祉学部紀要』2 2007 年 57-65 頁

厚生労働省高齢者介護研究会報告書『2015 年の高齢者介護—高齢者の尊厳を支える

ケアの確立に向けて―』2003 年

厚生労働省社会保障審議会介護保険部会「地域包括ケアシステムについて」『第 46
回社会保障審議会介護保険部会資料』2013 年

小榮住まゆ子「高齢者ソーシャルワークの科学化にむけた実践事例研究：エコシステ
ム構想の活用を通じて」『関西福祉科学大学紀要』11 2008 年 275-295 頁

小松聖司「対人援助業務従事者の葛藤やジレンマに関する考察」『社会福祉学』42
（1）2001 年 23-33 頁

佐々木政人「エコロジカル・ソーシャルワークの構築と基礎理論―ライフモデルを
中心として―」『龍谷大学社会学部紀要』17 2000 年 39-49 頁

佐藤豊道「社会福祉援助技術の歴史的理論展開と新しい枠組み」『社会福祉研究』66
鉄道弘済会 1996 年 99-106 頁

佐藤豊道「ソーシャルワークの実践的研究法」『社会福祉実践理論研究』15 2006 年
59 頁

杉本照子「保健医療におけるソーシャルワーカーの役割と資質―現代における福祉
と保健・医療の連携をめぐって―」『ソーシャルワーカー』2 1991 年 49-53 頁

高橋恭子「ソーシャルワーク実践における倫理的ジレンマについての一考察―アセ
スメントモデルを活用して―」『ソーシャルワーク研究』25（1）1999 年 47-53
頁

武田加代子・南彩子・杉本照子「ソーシャルワーク実践における価値―医師・看護
婦・ソーシャルワーカーの比較から―」『社会福祉学』37（2）1996 年 101-115
頁

武林亨（研究代表）「在宅医療・介護の連携における情報通信技術（ICT）活用に関
する研究」『平成 24 年度 厚生労働科学研究費補助金厚生労働科学特別研究事業
総括・分担研究報告書』2013 年

田村由美・工藤桂子・池川清子「今、世界が向かうインタープロフェッショナル・
ワークとは―21 世紀型ヘルスケアのための専門職職種間連携への道 第 1 部：
Inter-Professional とは何か」『Quality Nursing』4（12）1998 年 52-60 頁

地域包括ケア研究会（座長 田中滋）「地域包括ケアシステムの構築における今後の
検討のための論点」『平成 24 年度厚生労働省老人保健事業推進費等補助金老人
保健健康増進等事業分持続可能な介護保険制度及び 地域包括ケアシステムのあ
り方に関する調査研究事業報告書』2012 年

特定非営利活動法人日本ソーシャルワーカー協会「地域包括ケアシステムの構築に
向けた高齢者が住まい続けるための生活支援に関する調査」『平成 24 年度 老人
保健事業推進費等補助金老人保健健康増進等事業報告書』2013 年

中恵美・岩間伸之「複合型支援困難事例へのアプローチ―複数のソーシャルワーカー
による協働と連携―」『ソーシャルワーク研究』32（1）2006 年 66-73 頁

長澤真由子「独立型社会福祉士の現状」『広島国際大学医療福祉学科紀要』8 2012 年

92-102 頁

中村和彦「ソーシャルワーク実践の科学的展開─その視点と構想─」『北海道浅井学園大学人間福祉研究』8 2005 年 1-10 頁

中村佐織「わが国の生活モデル研究の動向」『ソーシャルワーク研究』16（2）1990年 93-98 頁

西内章「高齢者生活支援における社会福祉士が自問する内容とその構造」『高知女子大学紀要 社会福祉学部編』57 2008 年 45-51 頁

西内章・西梅幸治・鈴木孝典・住友雄資「保健・医療・福祉専門職の連携・協働に関する IPE の可能生」『高知女子大学紀要 社会福祉学部編』59 2010 年 87-97頁

西梅幸治・西内章・鈴木孝典・住友雄資「インタープロフェッショナルワークの特性に関する研究─関連概念との比較をとおして─」『高知女子大学紀要 社会福祉学部編』60 2011 年

福山和女「福祉・保健・医療のネットワークにおける医療ソーシャルワークの機能」『ソーシャルワーク研究』25（1）1999 年 9-16 頁

保正友子・鈴木眞理子・竹沢昌子「ソーシャルワーカーの専門的力量形成とキャリア発達についての研究」『社会福祉士』12 2005 年 64-72 頁

松岡克尚「社会福祉援助における『統合ネットワーク』概念の検討」『社会福祉実践理論研究』9 2000 年 53-64 頁

松岡千代「ヘルスケア領域における専門職間連携─ソーシャルワークの視点からの理論的整理─」『社会福祉学』40（2）2000 年 17-38 頁

松久宗丙「End of Life Care におけるソーシャルワーク実践─エコシステム構想を活用して─」関西福祉科学大学大学院社会福祉学研究科博士学位論文 2013 年

宮武陽子・西内章・山中福子・廣内智子「平成 22 年度高知女子大学 IPE プロジェクト委員会活動報告書」『学長裁量特別調査研究プロジェクト報告書"健康長寿と人間尊厳のまちづくり・高知"』高知女子大学 2010 年 127-165 頁

南彩子「ソーシャルワークにおける価値・倫理の研究動向と課題」『天理大学学報』175 1993 年 17-32 頁

森下妙子「医療、看護、福祉の統合的実践─ジェネラル・ソーシャルワークの視点より─」『龍谷大学大学院研究紀要』7 1999 年 29-46 頁

安井理夫「ソーシャルワークの支援技術における実存的視座の意義─北米のソーシャルワークを中心に」『同朋福祉』13 2007 年 45-69 頁

安井理夫「ソーシャルワークにおける技術の構成要素─ジェネラル・ソーシャルワークからの体系的展開─」『同朋大学論叢』93 2009 年 124-102 頁

安井理夫「ソーシャルワークにおける実践倫理と研究倫理のジレンマ─医学・看護学との比較を中心に」『同朋福祉』17 2011 年 81-101 頁

山田覚「高知県におけるテレナーシングの適応要件に関する調査研究」『学長裁量経

費特別調査研究プロジェクト報告書』2009 年 175-180 頁

吉本照子「インタープロフェッショナルワークによる専門職の役割遂行」『Quality Nursing』7（9）2001 年 4-11 頁

Early, T. J. and GlenMaye, L. F., Valuing Families: Social Work Practice with Families from A Strengths Perspective, *Social Work*, 45 (2), 2000, pp.118-130.

索　引

EBP ······································· 33
ICT ····································· 33, 58
ICT システム ·························· 37, 59
ICT システム体制 ······················ 190
Interagency ······························ 25
Interdisciplinary ························· 25
IPE（Inter-professional Education）········ 24
IPW（Inter-professional Work）········· 24
Multidisciplinary ························· 25
Multi-sectoral ··························· 25
Partnership working ······················ 25
Teamwork ······························· 25
Trance-disciplinary ······················ 25
Trance- sectoral ·························· 25

【あ】

安心··································· 58
安全··································· 58
医療機関······························· 58
医療ソーシャルワーカー················ 107
医療連携······························· 58
エクソシステム························· 36
エコシステム研究会····················· 52
エビデンス····························· 33
遠隔支援······························· 58
太田義弘······························· 5

【か】

介護支援専門員····················· 20, 102
介護連携······························· 58
カオス（chaos）························ 50
家族································· 23, 49

課題解決······························· 47
価値··································· 38
過程展開······························· 23
紙媒体主体····························· 4
関係性································· 23
患者の症状や医療情報··················· 58
救命救急支援························· 58, 59
協働······························· 5, 47, 48
業務改善··························· 58, 59, 60
携帯情報端末························· 3, 84
健康維持促進······················· 58, 59, 60
健診・保健指導························· 5
厚生労働省······················· 3, 18, 189
コスモス（cosmos）··················· 50, 51
混沌状態··························· 51, 147
コンビネーションアプローチ·············· 24

【さ】

ジェネラリスト・アプローチ········· 22, 24
ジェネラリスト・ソーシャルワーク····· 24
ジェネラル・ソーシャルワーク········ 6, 46
支援困難················ 18, 19, 162, 163, 166
支援ツール······················· 5, 46, 57
支援ネットワーク····················· 5, 47
支援方法··························· 23, 24
シャウ（Shaw, I.）····················· 34, 37
社会福祉士····························· 98
情報確認··························· 76, 77, 78
情報機器··························· 3, 4, 5
情報共有··························· 74, 76, 77
情報収集··························· 76, 77, 78
情報通信技術··························· 3

218

情報入力	76, 77, 78	包括・統合的な実践	22
診断画像	5	方策	38, 39
生活	3, 4, 18, 47, 48	方法	5, 38, 39
生活コスモス	47, 48, 50	保健・医療・福祉専門職	5
生活認識	42, 46, 48	保健師	126
精神保健福祉士	98		

【ま】

総務省	3, 58, 59
ソーシャルワーカー	20, 21, 22, 41, 47
ソーシャルワーク	4, 5, 6, 7, 38
ソフトウェア	3, 153

【た】

マクロシステム　　　　　　　　　　36
マルチメソッドアプローチ　　　　　24
ミクロシステム　　　　　　　　　　35
御前由美子　　　　　　　　　　53, 177
見守り　　　　　　　　　　　　58, 59
メゾシステム　　　　　　　　30, 31, 35
文部科学省　　　　　　　　　　　　3

多職種連携　　　　　　　5, 6, 19, 41, 52
地域包括ケアシステム　　4, 5, 6, 18, 25
知識　　　　　　　　　　　　　34, 38
データベース型（の）ICT　　　35, 175
電子媒体主体　　　　　　　　　　　4

【や】

安井理夫　　　　　　　　　　51, 176

【な】

中村佐織　　　　　　　　　　　30, 54

【ら】

利用者主体　　　　　　　　　　　29
利用者中心　　　　　　　　　　　29
利用書　　　　　　　　　　　　　26
連携　　　　　　　　　　6, 7, 59, 60

【は】

人と環境　　　　　　21, 23, 25, 26, 49
ヒル（Hill, A.）　　　　　　34, 37, 57
ブロンフェンブレンナー（Bronfenbrenner,
U.）　　　　　　　　　　　　　30

著者紹介

西内　章（にしうち　あきら）

1972 年高知県生まれ。四国学院大学文学部卒業。龍谷大学大学院社会学研究科社会福祉学専攻修士課程修了〔修士（社会福祉学）〕。同博士後期課程単位取得満期退学。関西福祉科学大学大学院社会福祉学研究科臨床福祉学専攻博士後期課程修了〔博士（臨床福祉学）〕。社会福祉士。

介護福祉専門学校職員、在宅介護支援センターソーシャルワーカー、高知女子大学社会福祉学部講師、同准教授を経て、現在、高知県立大学社会福祉学部准教授。

［著書］太田義弘・中村佐織・石倉宏和編著『ソーシャルワークと生活支援方法のトレーニング』（共著）中央法規出版 2005 年、太田義弘編著『ソーシャルワーク実践と支援科学―理論・方法・支援ツール・生活支援過程―』（共著）相川書房 2009 年、太田義弘・中村佐織・安井理夫編著『高度専門職業としてのソーシャルワーク―理論・構想・方法・実践の科学的統合化―』（共著）光生館 2017 年ほか。

ソーシャルワークによる ICT 活用と多職種連携
―支援困難状況への包括・統合的な実践研究―

2018 年 3 月 15 日　初版第 1 刷発行

著　者	西　内　　　章
発行者	大　江　道　雅
発行所	株式会社　明石書店

〒101-0021 東京都千代田区外神田 6-9-5
電　話　03（5818）1171
FAX　03（5818）1174
振　替　00100-7-24505
http://www.akashi.co.jp

組　版	有限会社秋耕社
装　丁	明石書店デザイン室
印刷・製本	モリモト印刷株式会社

（定価はカバーに表示してあります）　　　　ISBN 978-4-7503-4626-7

JCOPY 〈（社）出版者著作権管理機構　委託出版物〉
本書の無断複写は著作権法上での例外を除き禁じられています。複写される場合は、そのつど事前に、（社）出版者著作権管理機構（電話 03-3513-6969、FAX 03-3513-6979、e-mail：info@jcopy.or.jp）の承諾を得てください。

ソーシャルワーク

人々をエンパワメントする専門職

ブレンダ・デュボワ、カーラ・K・マイリー [著]

北島英治 [監訳]　上田洋介 [訳]

◎B5 判／上製／ 644 頁　◎20,000 円

ソーシャルワーカーとして身につけるべき 10 のコア・コンピテンシー（核となる専門的力量）の習得を目的に執筆された米国の教科書。ストレングス、人権、社会正義という今日的テーマを織り込みながら、ソーシャルワーク専門職とはどのような仕事なのかについて平易に解説。

●━━━━━━━━━━ 【内容構成】 ━━━●

序文

第1部
専門職としてのソーシャルワーク

1　ソーシャルワーク　援助の専門職
2　進化し続ける専門職
3　ソーシャルワークと社会システム
4　ソーシャルサービス提供システム

第2部
ソーシャルワークの視座

5　ソーシャルワークの価値と倫理
6　人権と社会正義
7　ダイバーシティとソーシャルワーク

第3部
ジェネラリスト・ソーシャルワーク

8　エンパワメント・ソーシャルワーク・
　　プラクティス
9　ソーシャルワークの機能と役割
10　ソーシャルワークと社会政策

第4部
プラクティスの現場における今日的課題

11　ソーシャルワークと貧困、
　　ホームレス、失業、刑事司法
12　保健、リハビリテーション、メンタル
　　ヘルスにおけるソーシャルワーク
13　家族と青少年とのソーシャルワーク
14　成人と高齢者のためのサービス

エピローグ

参考文献
索引

監訳者あとがき

〈価格は本体価格です〉

ダイレクト・ソーシャルワークハンドブック

対人支援の理論と技術

ディーン・H・ヘプワース、ロナルド・H・ルーニー、グレンダ・デューベリー・ルーニー、
キム・シュトローム - ゴットフリート、ジョアン・ラーセン [著]

武田信子[監修]　北島英治、澁谷昌史、平野直己、藤林慶子、山野則子[監訳]

◎B5 判／上製／ 980 頁　◎25,000 円

北米の大学院で長年使われているソーシャルワークの基本図書。
ソーシャルワークとは何かから始まり、アセスメントや援助計画、効果的
なコミュニケーション法、解決のための方略、資源開発、そして援助の
終結まで最新の欧米の知見と豊富な事例をベースに論じる。

【 内 容 構 成 】

第1部　序論

第1章　ソーシャルワークの課題

第2章　ダイレクト実践——対象領域、理念、役割

第3章　援助プロセスの概要

第4章　ソーシャルワークの基本的価値の実現

第2部　探索、アセスメント、計画

第5章　コミュニケーションの確立
　　　　——共感的でオーセンティックなコミュニケーション

第6章　相手の話に沿い、問題を探り、焦点を当てる技術

第7章　逆効果を生むコミュニケーション・パターンの除去

第8章　アセスメント
　　　　——問題とストレングスの探求と理解

第9章　アセスメント
　　　　——個人的要因、対人的要因、環境的要因

第10章　多様な家庭的・文化的背景を持つ
　　　　家族の機能のアセスメント

第11章　ソーシャルワークにおけるグループの形成と評価

第12章　目標の設定と契約の締結

第3部　変化をめざす段階

第13章　変化をめざす方略の計画と実行

第14章　介入の方略としての資源開発、組織化、
　　　　プランニング、およびアドボカシー

第15章　家族関係の強化

第16章　ソーシャルワーク・グループへの介入

第17章　専門家によるより深い共感、解釈、
　　　　および直面化

第18章　変化の阻害要因の扱い方

第4部　終結の段階

第19章　最終段階——評価と終結

《価格は本体価格です》

実存的・科学的ソーシャルワーク
安井理夫著
エコシステム構想にもとづく支援技術
◎2800円

新版 ソーシャルワーク実践事例集
渋谷哲、山下浩紀編
社会福祉士をめざす人・相談援助に携わる人のために
◎2800円

Q&Aでわかるソーシャルワーク実践
星野晴彦、渋谷昌史編著
ジレンマを克服し、困難を乗り越える考え方、関わり方
◎2200円

修復的アプローチとソーシャルワーク
山下英三郎著
調和的な関係構築への手がかり
◎2800円

ソーシャルワークと修復的正義
エリザベス・ベックほか編著　林浩康監訳
癒やしと回復をもたらす対話、調停・和解のための理論と実践
◎6800円

情報福祉論の新展開
韓星民著
視覚障害者用アシスティブ・テクノロジーの理論と応用
◎4500円

エビデンスに基づく効果的なスクールソーシャルワーク
山野則子編著
現場で使える教育行政との協働プログラム
◎2600円

在宅高齢者へのソーシャルワーク実践
高瀬幸子著
混合研究法による地域包括支援センターの実践の分析
◎4600円

ソーシャルワークによる精神障害者の就労支援
御前由美子著
参加と協働の地域生活支援
◎3300円

保育ソーシャルワーク支援論
土田美世子著
◎4400円

聴覚障害者へのソーシャルワーク
原順子著
専門性の構築をめざして
◎2800円

多文化ソーシャルワークの理論と実践
石河久美子著
外国人支援者に求められるスキルと役割
◎2600円

子ども虐待ソーシャルワーク
川﨑二三彦著
転換点に立ち会う
◎2800円

ケア専門職養成教育の研究
青木紀著
看護・介護・保育・福祉　分断から連携へ
◎3800円

医療・保健・福祉・心理専門職のためのアセスメント技術を高めるハンドブック[第2版]
近藤直司著
ケースレポートの方法からケース検討会議の技術まで
◎2000円

医療・保健・福祉・心理専門職のためのアセスメント技術を深めるハンドブック
近藤直司著
精神力動的な視点を実践に活かすために
◎2000円

〈価格は本体価格です〉